Krise im Pazifik:

Korallenmeer und Midway

Juan Váquez García
Luis Galeano Martínez

Geschichte im Detail

Schauplatz des Pazifikkrieges

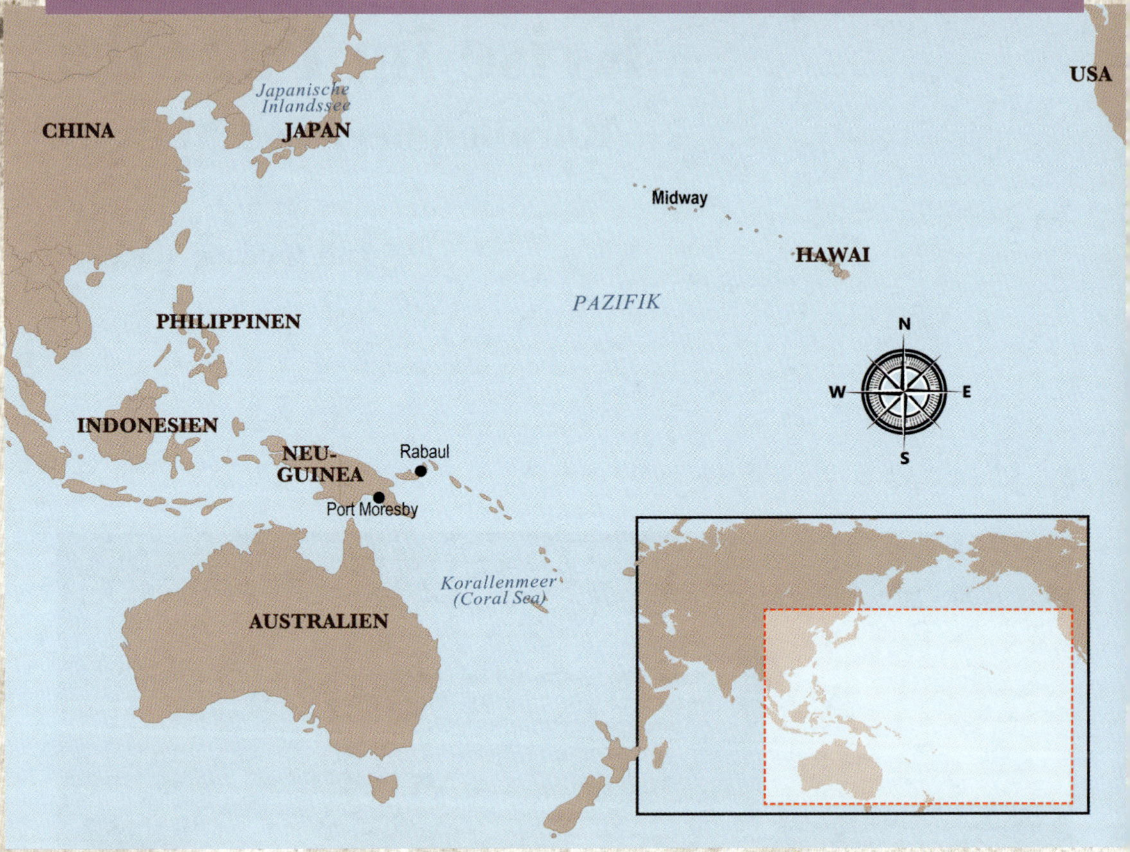

Impressum

Titel der spanischen Originalausgabe: Crisis en el Pacifico – mar del Coral Y Midway/Galland Books Editorial - StuG 3

ISBN 978-3-86619-124-2
1. Auflage 2017 © Copyright by:
SCHILD VERLAG • Kasernenstraße 6 - 10 • 66482 Zweibrücken
Tel. 06332-72710 • Fax 06332-72730 • E-Mail: heinz.nickel@vdmedien.de • Internet: http://www.VDMedien24.de

Text- und Bildnachweis: Verfasser
Ins Deutsche übertragen von: J.P.K. Lauer
Herstellung (Innengestaltung, Satz, Druck):
SCHILD VERLAG
66482 Zweibrücken

Die japanischen Pläne

Die Nihon Kaigun, die Kaiserliche Japanische Marine, konnte 1942 auf einige der kampfstärksten Kreuzer und Schlachtschiffe der Welt zählen.

Nach der Sicherung der im China-Krieg erworbenen strategischen Stützpunkte machte sich Japan an die Schaffung der „Groß-ostasiatischen Wohlstandssphäre“ im Pazifik.

Es begann mit dem Angriff auf Pearl Harbor, die Philippinen, Malaysia, Birma und Niederländisch-Indien (heute: Indonesien). Nach der Eroberung und Sicherung dieser Gebiete begannen die Planungen und Vorbereitungen zur Beherrschung weiterer Gebiete, welche dringend benötigte Rohstoffe ebenso zu bieten hätten wie neue Stützpunkte, von denen aus man Australien angreifen und den Verteidigungsring erweitern könnte. Ende April 1942 beherrschte Japan außer seinen Einflußzonen auf dem asiatischen Festland auch die größeren Inseln nördlich von Australien und westlich von Hawaii.

In dieser Zeit spektakulärer Siege nutzte Japan seinen eigenen Angriffsschwung ebenso wie die Reaktionsträgheit der Westmächte dazu, seinen Verteidigungsgürtel im Pazifik zu erweitern, statt seine bisherigen Eroberungen zu konsolidieren. Seine nächsten Ziele waren Neuguinea und die Salomonen, um dort Stützpunkte anzulegen, von denen aus man Australien angreifen und von all seinen Verbindungen zur Außenwelt abschneiden wollte. Inmitten all dieser Länder und Inseln lag das Korallenmeer.

Am 5. März 1942 erteilte das Kaiserlich Japanische Oberkommando dem Kommandeur der Kombinierten Einsatzflotte den Befehl, sich nach der vollständigen Besetzung von Java der Nordwestküste von Neuguinea zuzuwenden, die bisher noch in der Hand der Niederländer war. Dort sollte er nach der Niederkämpfung aller niederländischen Truppen strategische Positionen besetzen, die anschließend als Ausgangspunkt für die Suche nach Erdölvorkommen ebenso dienen konn-

Die Bedeutung von Port Moresby

Nach der Eroberung von Rabaul und der ganzen Nordküste von Neuguinea durch die Japaner sah MacArthur die größte Gefahr darin, daß der Feind möglicherweise Port Moresby angreifen könnte in der Absicht, diese Hafenstadt als Stützpunkt für eine Offensive gegen Australien zu nutzen. Im Einklang mit seiner Stragegie, Australien schon in dessen „Vorhof“ Neuguinea zu verteidigen, beschloß MacArthur seine Kräfte in dieser Zone zu verstärken und so eine Ausgangsbasis zu schaffen für Luft- und Landeinsätze gegen einen Feind, der bereits die ganze Nordküste von Neuguinea sowie die Inseln des vorgelagerten Bismarck-Archipels, Neu-Britannien und Neu-Irland, besetzt hatte. Das gleiche Gebiet konnte zudem als künftiger Ausgangspunkt für eine Rückeroberung der Philippinen dienen.
Aus den gleichen Gründen legten auch die Japaner großen Wert auf Port Moresby, natürlich mit umgekehrten Vorzeichen. Für Japan war dieser Ort nicht nur ein Ausgangspunkt für die geplante Offensive gegen Australien, sondern umgekehrt auch ein neuer Vorposten ihres Verteidigungsgürtels.

Schwerer Kreuzer der japanischen Tone-Klasse.

ten wie zur Anlage von See- und Luftstützpunkten als Basis für den Angriff auf den britisch-australischen Ostteil der Insel sowie für Nachschubzwecke.

Port Moresby wurde im Osten von der Milne-Bay und der Meerenge von Jormad flankiert und im Norden von der Owen-Stanley-Bergkette geschützt. Die Hafenstadt war nur von der Seeseite her angreifbar. Der japanische Angriffsplan sah vor, mit einer Landungsflotte ins Korallenmeer einzudringen und durch die Meerenge von Jormad zwischen der Küste von Neuguinea, der Milne-Bay und den Luisiaden-Inseln hindurch nach Port Moresby vorzustoßen.

Auf der anderen Seite hatte die japanische Kriegsmarine lange vor der Eroberung von Stützpunkten auf Neuguinea bereits am 21. Januar 1942 einen Luftangriff gegen Rabaul (auf der Insel Neubritannien) unternommen. Dabei war die dortige Küstenartillerie vernichtet worden, und alle dort stationierten australischen Truppen hatten sich zurückziehen müssen. Am gleichen Tage sichtete ein Wasserflugzeug der australischen RAAF die Invasionsflotte und konnte gerade noch Alarm geben, bevor es abgeschossen wurde.

Am 22. Januar landeten die Japaner auf der Insel Neuirland und besetzten Kavieng samt Flugplatz, ohne auf Widerstand zu stoßen, da sich die australischen Truppen ins Innere der Insel zurückgezogen hatten. In den Morgenstunden des 23. Januar begann die Landung der Japaner auf der Insel Neubritannien, auch hier fast ohne Widerstand.

Die Besetzung von Neubritannien verschaffte der japanischen Kriegsmarine einen hervorragenden Luftstützpunkt, Rabaul, der als Mittelpunkt der japanischen Offensive gegen Australien und die Salomonen ebenso dienen sollte wie als Einschiffungshafen für die gegen Port Moresby einzusetzenden Landungstruppen.

Am 25. April 1942 erfolgte eine Besprechung aller Generalstabsoffiziere und Flottenkommandeure der japanischen Kriegsmarine unter ihrem Oberbefehlshaber Ad-

Isoroku Yamamoto

1884 geboren, nahm er an der legendären Seeschlacht von Tsushima gegen die Russen teil, die den Ruhm der modernen japanischen Kriegsmarine begründete. Danach ging er als japanischer Marineattachée in die USA: Er lernte dort aus erster Hand den künftigen Gegner kennen und studierte sogar in Harvard. Zurück in Japan wurde er 1927 Kommandant des neuen Flugzeugträgers „Akagi“.

1941 übernahm er die sog. Kombinierte Flotte. Obwohl er sich der Schlagkraft moderner Flugzeugträger durchaus bewußt war, setzte er doch auf eine große Seeschlacht der Schlachtschiffe, da hier die überlegene Schiffsartillerie der Japaner den Ausschlag geben würde.

Er kam ums Leben, als sein Verbindungsflugzeug über den Salomonen in einem eigens zu seiner Ausschaltung unternommenen Sondereinsatz von amerikanischen Langstreckenjägern des Typs P-38 „Lightning“ abgeschossen wurde.

Eine japanische Flugzeug-Legende: Der bordgestützte Jagdeinsitzer Mitsubishi A6M „Zero" war bis zum Auftreten der amerikanischen „Hellcat" im Jahre 1942 all seinen Gegnern überlegen.

Alle bisherigen japanischen Kriegserfolge konnten Yamamoto nicht zur Selbstüberhebung verleiten: Er kannte aus erster Hand das Industriepotential der Amerikaner, hatte er doch als Harvard-Student ihr Land persönlich kennengelernt. Darum war ihm klar, daß Japan binnen spätestens eines Jahres – besser noch in nur sechs Monaten – den Krieg im Pazifik für sich entscheiden mußte. Er kannte die Amerikaner und wußte, daß sie zwar eine Weile brauchten, um sich vom ersten Schock durch die japanischen Überraschungssiege zu erholen, daß sie aber den gleichen Fehler kein zweites Mal machen würden und – sobald ihre leistungsfähige Rüstungsproduktion erst einmal angelaufen wäre – sich das Kräfteverhältnis unweigerlich umkehren müßte.

Aus all diesen Gründen vertrat Yamamoto den Standpunkt, daß man den japanischen Verteidigungsgürtel im Osten bis Hawaii vorschieben und im Südosten Australien von allen Verbindungen zur Außenwelt abschneiden müsse. Auf diese Weise müßte eine amerikanische Flotte einen etwaigen Angriff gegen die japanische Marine vom nordamerikanischen Festland aus führen, weitab ihrer Stützpunkte kämpfen und nahe den von Japan beherrschten Gebieten. So würde sich die Konstellation von 1905 bei der Seeschlacht von Tsushima wiederholen, als die Baltische Flotte des Zaren erst nach einem schier endlosen Anmarsch von 18.000 Meilen in koreanischen Gewässern eintraf und – fast vor den Küsten Japans – von der japanischen Flotte unter Admiral Heihachiro Togo vernichtend geschlagen wurde.

Bereits bei einer früheren Besprechung am 5. Januar 1942 hatte man sich über die ab Ende April einzuleitenden mililtärischen Schritte Gedanken gemacht. Damals hatte man einen Vorschlag des Kommandeurs Yasuji Watanabe erwogen, der die Hauptstoßkraft der japanischen Kriegsmarine nach Westen, in den indischen Ozean, leiten wollte, um Britisch-Indien einzunehmen und – für den Fall einer deutsch-italienischen Eroberung des

Hebung der US-Kampfmoral

Die Einsätze der US-Flugzeugträger gegen die Marshall- und Gilbert-Inseln hatte den Stützpunkteinrichtungen und Truppen der Japaner dort zwar keinen allzugroße Schaden zugefügt. Sie halfen aber, die Kampfmoral in der US Navy zu heben und de Besatzungen den Eindruck zu vermitteln, sich nicht nur verteidigen, sondern auc zurückschlagen zu können. Zudem erweckte man so bei der japanischen Führun den Eindruck, ihr Verteidigungsgürtel sei noch immer nicht ausreichend.

Was jedoch die Führung der Nihon Kaigun weitaus mehr verunsicherte, war die Bombardierung Japans durch die 16 B-25 „Mitchell" beim sog. „Doolittle Raid", der sic vom Flugzeugträger „Hornet" aus gegen Tokio, Nagoya und Kobe richtete. Auch hie waren nicht die unerheblichen Sachschäden das Entscheidende, sondern der psychologische Schlag gegen das Sicherheitsgefühl und den Nationalstolz der Japaner die nun erstmals in ihrem eigenen Mutterland angegriffen worden waren.

Eigens für diesen Sondereinsatz „abgespeckt" und nach fieberhaften Vorbereitunge hoben die Zweimotorer vom Deck des Flugzeugträgers ab – schon vor dem Erreiche des dafür vorgesehenen Punktes -, als der Schiffsverband von den japanischen Vor posten entdeckt wurde. Die Flugzeuge warfen ihre Bomben auf Japan ab und flogen auf gleichem Kurs weiter bis China, von wo die meisten der Bomberbesatzungen mit Unterstützung der pro-amerikanischen Nationalchinesen in die USA zurückkehren konnten.

Die japanische Kriegsmarine im Zenit

Die großen Einheiten der US-Flotte waren weitgehend außer Gefecht gesetzt worden, die wenigen im Pazifik übriggebliebenen Schlachtschiffe hatten sich zur sicheren Ostküste zurückgezogen. Im Pazifik verblieben den USA nur noch vier Flugzeugträger samt Geleitkräften auf dem Stützpunkt Hawaii sowie eine Handvoll Kreuzer und Zerstörer in Noumea (Neukaledonien). Die britische Flotte war aus dem Pazifik und selbst aus dem Indischen Ozean so gut wie verschwunden. Das japanische Flugzeugträgergeschwader unter Vizeadmiral Chuichi Nagumo hatte nach der Bombardierung der nordaustralischen Hafenstadt Darwin Kurs gen Westen genommen, wo die Überreste der britischen Fernostflotte Indien zu verteidigen suchten; hierbei wurden die Häfen Colombo und Trincomalee (beide Ceylon, heute Sri Lanka) angegriffen sowie der Flugzeugträger „Hermes" und zwei Kreuzer versenkt, bevor die kläglichen Reste der britischen Seestreitkräfte sich zu ihrem Flottenstützpunkt Kilindini (Kenia) an der afrikansichen Ostküste zurückzogen.
Währenddessen drang ein weiterer japanischer Flottenverband mit dem Flugzeugträger „Ryujo" und sechs Kreuzern unter Konteradmiral Ozawa bis zum Golf von Bengalen vor und bombardierte sogar Kalkutta. Die australische Kriegsmarine hingegen war bei den Kämpfen in den Gewässern um Java dezimiert worden, und die niederländischen Seestreitkräfte in diesem Gebiet hatten aufgehört zu existieren.

miral Isooku Yamamoto an Bord seines Flaggschiffes, des Schlachtschiffes Yamato, das in der Hashirajima-Bucht vor Anker lag. Die Besprechung sollte die eindrucksvollen japanischen Siege der ersten fünf Kriegsmonate analysieren und die weitere Vorgehensweise festlegen.

Trotz der enormen Gebietsgewinne Japans zwischen Dezember 1941 und Ende April 1942 war Yamamoto weit weniger optimistisch als die meisten seiner Offizierskameraden bei der Kriegsmarine und beim Heer. Zwar hatte die Nihon Kaigun – die Kaiserlich Japanische Marine – tatsächlich ohne größere eigene Verluste alle Seestreitkräfte der Westmächte im ersten Ansturm über den Haufen gerannt.

Doch Yamamoto war sich darüber im klaren, daß die stete Erweiterung der japanischen Einflußsphäre auch die Kräfte seiner Marine immer mehr überdehnte und daß sein Hauptgegner auf der anderen Seite des Pazifiks irgendwann seine Verwirrung und Demoralisierung durch die japanischen Anfangserfolge überwinden und zum Gegenschlag ausholen würde.

Die „Hosho", der erste aller japanischen Flugzeugträger, wurde bald schon von kampfstärkeren Nachfolgern überflügelt.

Die großen Flugzeugträger der „Shokaku"-Klasse zählten zu den besten ihrer Art und konnten bis zu 84 Flugzeuge an Bord nehmen (davon 12 in Reserve).

Das Tshushima-Syndrom

Der Wunsch, die US-Flotte möglichst nahe bei Japan zu einer großen Entscheidungsschlacht zu stellen, bei der dann die überlegene japanische Schiffsartillerie den Ausschlag gäbe, war für den größten Teil der japanischen Admiralität begreiflich, kaum aber bei einem Mann wie Yamamoto, der doch zu den eifrigsten Verfechtern einer starken japanischen Marinefliegerei zählte.
Diese starre Fixierung auf eine große Entscheidungsschlacht mutete fast schon krankhaft an: Eine Art „Tshushima-Syndrom", der zwanghafte Versuch, den legendären Seesieg von 1905 zu wiederholen, beherrschte selbst noch nach dem Tode Yamamotos das Denken der japanischen Admiralität und verleitete sie immer wieder zu fruchtlosen Versuchen, die ersehnte Entscheidungsschlacht zu erzwingen. Alles, was sie damit erreichten, war jedoch ein allmähliches Ausbluten der eigenen Marine.

vorderen Orients (die damals durchaus greifbar schien) – mit den Verbündeten Fühlung aufnehmen zu können.

Dieser Plan stieß durchaus auch auf die Gegenliebe einiger Teilnehmer der Besprechung vom 25. April. Denoch setzte sich Yamamoto mit seinem ostwärts gerichteten Plan durch. Der Plan von Watanabe war auf den Widerstand des japanischen Oberkommandos des Heeres gestoßen. Dieses hatte seine Vorbehalte in schriftlicher Form an Premierminister Tojo übermittelt und dabei angemerkt, daß die Verluste eines solchen Unternehmens den möglichen Erfolg keinesfalls aufwiegen würden. So hatte man dem Plan zur japanischen Westexpansion am 7. März 1942 eine Absage erteilt.

Eine weitere Möglichkeit lag in der Eroberung von Hawaii, doch verzichtete man darauf aus Mangel an Transportraum für die hierzu benötigten starken Landungstruppen.

Die hervorragend ausgebildeten japanischen Marineflieger hatten nur einen Nachteil: Es gab zu wenige von ihnen.

Die Marineflieger bildeten 1942 die Elite der Kaiserlich Japanischen Kriegsmarine. Doch ihre Ausbildung erforderte viel Zeit – mehr Zeit, als den Japanern zur Verfügung stand.

Schließlich sprach sich ein Teil der japanischen Admiralität für einen Vorstoß nach Südosten aus: Nach der Einnahme von Port Moresby (im australischen Ostteil von Neuguinea) und Tulagi (auf den Salomonen) sowie von Neukaledonien, Samoa und Fidschi könnte man – nach dem Anlegen von Garnisonen und Flugplätzen auf diesen Inseln – von diesen vorgeschobenen Stützpunkten aus die Seeverbindungen zwischen Australien und den USA unterbrechen, damit die Australier von jeglichem Nachschub an Waffen und Versorgungsgütern abschneiden und so indirekt ihre Kapitulation erzwingen.

Dies war der Plan, der am 15. März 1942 schließlich bewilligt wurde. Den ersten Schritt, die Einnahme von Port Moresby, übertrug man Vizeadmiral Inouye Shigeyoshi. Die Invasionsstreitkräfte für das so genannte „Unternehmen MO“ schifften sich im unlängst eroberten Hafen von Rabaul ein. Eine der Folgen dieses Angriffs auf die australische Stadt war – in den ersten Märztagen des Jahres 1942 – die Schlacht im Korallenmeer.

Obwohl er mit diesem Plan im Prinzip einverstanden war, wollte Yamamoto darüber hinaus die Reaktion der US Navy provozieren, um sie in der ersehnten großen Seeschlacht zu vernichten. Daher bewilligte er als Luftdeckung für das „Unternehmen MO“ nur zwei seiner größeren Flugzeugträger – die Zuikaku und die Shokaku – sowie den leichten Flugzeugträger Shoho zur Abwehr etwaiger Störversuche durch die US Navy, jedoch mit dem Befehl, danach wieder zum Gros der Flotte zu stoßen und gemeinsam Kurs auf Midway zu nehmen.

Denn für Yamamoto war das Glanzlicht unter allen Angriffsplänen der Angriff gegen Midway („Unternehmen MI“), um so zwei wichtige Ziele zu erreichen: Einerseits die Besetzung der Inseln Midway, Eastern

Die japanischen Marineflieger

Im Jahre 1942 war die japanische Marinefliegerei die beste der Welt. Nicht nur waren ihre Piloten erstklassig ausgebildete und hochmotiviert, auch ihre Ausrüstung war der amerikanischen überlegen.
Ihr Standardjäger Mitsubishi A6M „Rei-Sen“ oder „Zero-Sen“ – kurz „Zero“ (alliierter Codename „Zeke“) – war leicht und wendig. In den Händen eines fähigen Piloten war die „Zero“ im klassischen Kurvenkampf unschlagbar. Auch ihre Bewaffnung aus 2 x 7,7 mm MG und 2 x 20 mm MK durfte für jene Zeit als angemessen gelten. Ihre Höchstgeschwindigkeit betrug 540 km/h, und ihre beachtliche Reichweite mache sie gerade für Einsätze über See besonders geeignet. Nur der passive Schutz war unzulänglich.
Auch der Sturzkampfbomber Aichi D3A „Val“ leistete bis 1943 gute Dienste. Bei einer Höchstgeschwindigkeit von 430 km/h konnte er eine 500-kg-Bombe mitführen. Die Zweimannbesatzung verfügte zur Verteidigung über 2 x 7,7-mm-MG's.
Die dreisitzige Nakajima B5N „Kate“, wahlweise als Horizontalbomber oder Torpedobomber verwendbar, stand bis 1945 im Einsatz. Sie konnte einen Lufttorpedo Typ 91 tragen.

Die Funkaufklärung

Die Schlachten im Korallenmeer und bei Midway entwickelten sich im Einklang mit einer sorgfältigen Planung durch die Kontrahenten, und dennoch hing ihr Ausgang nicht allein davon ab, sondern auch vom Klima, vom Zufall, den von beiden Gegnern begangenen Fehlern, dem verbissenen Angriffsgeist der amerikanischen Marineflieger – obwohl sie aufgrund schlechter Koordination ohne Begleitschutz angreifen mußten – und schließlich von der taktischen Unbeweglichkeit der japanischen Marine, die Unternehmen plante, deren Erfolg vom gleichzeitigen Einsatz verschiedener Einheiten gegen ganz bestimmte Ziele und zu genau festgesetzten Zeiten abhing, die aber beim überraschenden Auftreten unvorhergesehener Schwierigkeiten nicht rasch und treffend genug zu reagieren wußten. Daß aber die Amerikaner diese Einsätze derart verbissen und entschlossen ausfechten konnten, verdankten sie großenteils dem Funknachrichtendienst der US Navy (CIU: Central Intelligence Unit of USN).
Die Vorbereitungen zu einem militärischen Unternehmen von einer Größenordnung wie der Schlacht von Midway erforderten das Absetzen zahlreicher Funksprüche, um jedem einzelnen Schiff innerhalb der verschiedenen Flottenverbände seine genaue Position und Aufgabe zuzuweisen und jedem Kommandanten genaue Anweisungen zu übermitteln. Allein schon die Zunahme des Funkverkehrs an und für sich war ein Hinweis, daß die Japaner einen Großeinsatz planten. Darüber hinaus versorgte er die amerikanischen Dechiffrierabteilungen mit umfangreichem Rohmaterial, und da sich ihre Arbeit vor allem auf statistische Verfahren stützte, bedeutete dies eine umso bessere Chance, zahlreiche Wissenslücken zu schließen oder gar einen grundsätzlichen Einbruch in den gegnerischen Funkschlüssel zu erzielen.
Darüber hinaus ging der verstärkte Funkverkehr mit einer vermehrten Aktivität der japanischen Marineflieger einher, vor allem der Fernaufklärungsflüge über ganz bestimmten Seegebieten im Pazifik. Dies ermöglichte es den Spezialisten in Rochefort, die Funksprüche mit ganz konkreten Aktivitäten in Verbindung zu bringen; indem man ein wenig mit den Möglichkeiten jonglierte, daß ein bestimmter Vorfall und ein oder mehrere Funksprüche miteinander zusammenhängen könnten, ließen sich gewisse Schlußfolgerungen ziehen, die – verglichen mit anderen, ähnlich gewonnenen – eine von Tag zu Tag bessere Dechiffrierung des japanischen Funkverkehrs ermöglichte.
Auf diese Weise erfuhren die Amerikaner so manches über die japanischen Pläne im Korallenmeer und sogar recht viel über Midway und die Aleuten. Was man beim CIU mit Sicherheit wußte, war, daß die Kaiserlich Japanische Marine einen großen Flottenverband aus fast allen verfügbaren japanischen Großkampfschiffen zusammenzog und alle Anzeichen auf einen Angriff gegen Australien bzw. Australisch-Neuguinea hindeuteten – vermutlich gegen Port Moresby -, und daß im Zentralpazifik ein Angriff auf Midway bevorstand, wobei der Angrif am 30. Mai 1942 beginnen solle.

und Sand, andererseits die vollständige Vernichtung der amerikanischen Pazifikflotte.

Für die Japaner lag die einzige Bedeutung von Midway in seinem Militärflugplatz, von dem aus die japanischen Marineflieger Hawaii bombardieren könnten, und in seiner künftigen Rolle als „Trittstein" und vorgeschobener Stützpunkt des japanischen Verteidigungsgürtels inmitten des Pazifiks.

Falls sich jedoch die Amerikaner zur Verteidigung von Midway entschließen sollten, hatte Yamamoto eine Falle für sie vorbereitet: Alle verfügbaren schnellen Schlachtschiffe sollten der Invasionsflotte folgen und die Amerikaner angreifen, woraufhin diese – voraussichtlich von ihren Aufklärungsflugzeugen oder ihren auf Vorposten liegenden U-Booten alarmiert – ihre Seestreitkräfte zur Verteidigung Midways entsenden würden.

Das alte japanische Schlachtschiff „Fuso" konnte sich nach gründlicher Modernisierung durchaus mit westlichen Kriegsschiffen messen.

Die Vorbereitungen

Die F4F „Wildcat" war 1942 das Rückgrat der bordgestützten amerikanischen Jagdfliegerverbände. Die robuste und gut bewaffnete Maschine war jedoch der japanischen „Zero" im Kurvenkampf unterlegen.

Das Korallenmeer (oder die Korallensee, englisch „Coral Sea") liegt als Teil des Pazifischen Ozeans südöstlich von Papua-Neuguinea und südlich der Salomonen, im Osten begrenzt von Neukaledonien und im Westen von der australischen Ostküste und dem ihr vorgelagerten Großen Barriereriff, dem größten Korallenriff der Erde.

Wie stets im Pazifikkrieg war der japanische Plan zur Eroberung von Port Moresby recht verwickelt und erforderte den wohlkoordinierten

Geographische Rahmenbedingungen

Die Kaiserlich Japanische Kriegsmarine mußte dieses Gebiet beherrschen, um den Seeweg zwischen Australien und den USA abschneiden zu können. Angesichts der fast unüberwindlichen Owen-Stanley-Bergkette erschien es kaum möglich, die wichtige Hafenstadt Port Moresby an der Südküste von Neuguinea - dem Vorhof Australiens - von der Landseite her zu erobern. Daher beschloß das japanische Oberkommando nach der Errichtung von Stützpunkten in Rabaul und Kavieng, die Stadt durch eine Landung von der Seeseite her einzunehmen. Hierzu mußte man die Südostspitze von Neuguinea umschiffen und dabei die Meerenge von Jormad durchfahren, um anschließend auf Kurs West-Nordwest zu gehen - parallel zur Küstenlinie von Neuguinea - und so schließlich vor den australischen Stützpunkt zu gelangen.
Das Korallenmeer ist ein Seegebiet von beachtlichen Ausmaßen (gut 3,5 Mio. qkm), zwar durchsetzt von etlichen Inseln, die jedoch in ihrer Mehrzahl unbewohnbar sind. Die Salomonen-Inseln im Norden sind überwiegend bergig und somit kaum zur Anlage von Flugplätzen geeignet; die einzige Ausnahme bildet hier Guadalcanal, zwar ebenfalls bergig und von ungesundem Klima, doch immerhin mit einer Ebene, auf der man eine Landepiste anlegen könnte. Nördlich von Guadalcanal lag Tulagi: Eine kleine Insel zwar, doch gut geeignet zur Anlage eines Stützpunktes für Fernaufklärungs-Flugboote; der Besitz Tulagis würde es der japanischen Kriegsmarine ermöglichen, die südlichen und östlichen Seewege zu überwachen und jedweden Flottenverband abzufangen, der sich Rabaul von Osten her zu nähern versuchte.
Die US Navy verfügte ihrerseits über einen Stützpunkt in Noumea, der Inselhauptstadt von Neukaledonien. Von dort aus konnte sie - genügend Schiffe und Flugzeuge vorausgesetzt - das gesamte Korallenmeer beherrschen.

Einsatz verschiedener Teilstreitkräfte, nämlich dreier Landungsgruppen und einer Unterstützungsgruppe.

Isoroku Yamamoto mit seinem Stab.

An erster Stelle stand die Hauptlandungsgruppe, welche die Landungstruppen nach Port Moresby befördern sollte und die hierzu nicht nur genügend Truppentransporter, sondern auch genügend Nachschubfrachter sowie entsprechenden Geleitschutz benötigte.

Zur gleichen Zeit sollte eine weitere Landungsgruppe Tulagi anlaufen und dort einen Wasserflugzeugstützpunkt anlegen: Von ihm aus ließe sich

Japanische mittlere Bomber vom Typ „Betty“ wurden auch gegen Schiffsziele eingesetzt.

das Korallenmeer aus der Luft überwachen für den Fall, daß die US Navy die dort operierenden japanischen Seestreitkräfte abzufangen versuchte.

Die dritte Landungsgruppe schließlich richtete sich gegen die Luisiaden-Inseln und Santa Isabel, um dort vorgeschobene Flugstützpunkte zu errichten und so die Invasionsflotten in diesem Seegebiet besser schützen zu können.

Über die eigentlichen Invasionsstreitkräfte hinaus benötigte man auch Aufklärungsverbände. Diese umfaßten, wie in der japanischen Kriegsmarine üblich, neben U-Booten (in diesem Falle sieben) auch Aufklärungsflugzeuge – landgestützte Fernaufklärer ebenso wie viermotorige Großflugzeuge und die einmotorigen Schwimmerflugzeuge, welche die Kreuzer zur Aufklärung und Artilleriebeobachtung an Bord hatten.

Kernstück des japanischen Hauptangriffsverbandes waren die beiden mittleren Flugzeugträger Shokaku und Zuikaku. Jeder von ihnen konnte 72 Bordflugzeuge einsetzen – Jäger, Torpedobomber, Stukas. Unterstützt wurden sie vom leichten Flugzeugträger Shoho, einem noch auf der Helling umgebauten ehemaligen schnellen Flottentanker mit nun immerhin 30 Flugzeugen an Bord.

Ende April 1942 wußten die Amerikaner bereits, daß die Japaner Port Moresby angreifen wollten – nicht nur durch ihre Funkaufklärung, sondern auch durch die Entdeckung großer Flotten- und Truppen-

Die japanischen Kräfte

Die Flugzeugträger „Shokaku“ und „Zuikaku“ bildeten den Kern der japanischen Kampfgruppe unter Konteradmiral Tadaichi Hara; ihren Geleitschutz bildeten die Kreuzer „Haguro“ und „Myoko“ sowie die Zerstörer „Ygure“, „Ushio“, „Akebana“, „Ariake“ und „Shiratsuyu“, begleitet vom Flottentanker „Toho Maru“, der die Treibstoffversorgung während des Unternehmens gewährleisten sollte.
Das zum Angriff auf Port Moresby bestimmte Flottengeschwader setzte sich zusammen aus dem Kreuzer „Yubari“ – Flaggschiff des Geschwaderkommandeurs Konteradmiral Sadamichi Kajioka – sowie den Zerstörern „Yunagi“, „Yahoi“, „Oite“, „Uzuki“, „Asanagi“ und „Mutsuki“.
Die zur Eroberung von Tulagi angesetzte Kampfgruppe unter Konteradmiral Shima umfaßte die Truppentransporter „Asuman Maru“ und „Tama Maru“, die Zerstörer „Kukuzuki“ und „Yukuzuki“ sowie das Wasserflugzeug-Mutterschiff „Kawa Maru“, dazu einen Minenleger und zwei Minenräumer. Zur Sicherungsgruppe unter Konteradmiral Marushige gehörten die beiden Kreuzer „Tenryu“ und „Tatsua“, der Minenleger „Tsuguru“, die Kanonenboote „Nikkai Maru“, „Keijo Maru“ und „Seikai Maru“ sowie das Wasserflugzeug-Mutterschiff „Kamikawa Maru“.
Die Unterstützungsgruppe unter Konteradmiral Goto umfaßte den leichten Flugzeugträger „Shoho“, die Kreuzer „Kinugasa“, „Furutaka“, „Aoba“ und „Kako“, den Zerstörer „Sazanami“, den Flottentanker „Hiro Maru“ und sieben Unterseeboote.

Die Bordflugzeuge

Die wichtigsten fliegenden Verbände während dieser Kämpfe stellten die trägergestützen Einsatzgruppen. An Bord der „Shokaku“ befanden sich 18 Jagdeinsitzer Mitsubishi A6M „Zero“, 27 Sturzkampfbomber Aichi D3AI „Val“ und 27 Horizontal-/Torpedo-Bomber Nakajima „Kate“. Gleiches galt für die „Zuikaku“.
Darüber hinaus verfügbar war die 25. Luftflotille mit Stützpunkt in Rabaul, mit 44 „Zeros“, 41 zweimotorigen Bombern Mitsubishi G3M „Nell“ und 13 viermotorigen Fernaufklärungs-Flugbooten Kawanishi H6K5 „Mavis“. In Lae lagen zudem 16 „Zeros“, in Buna 7 „Nells“, in Shorland 3 „Mavis“ sowie 4 einmotorige Wasserflugzeuge, in Tulagi 6 „Zeros“, auf Truk 44 „Zeros“ sowie 41 „Nell“-Bomber und in Deboyne schließlich 12 einmotorige Wasserflugzeuge.

Schlacht im Korallenmeer

→ Japanische Schiffsbewegungen
⇢ Japanische Flugzeugbewegungen
1 Kampfgruppe zur Landung bei Port Moresby
2 Sicherungsgruppe (Fl.Tr. „Shoho“ + div. Kreuzer)
3 Japanische Angriffsgruppe (Fl.Tr. „Zuikaku“ + „Shokaku“)
4 Unterstützungsgruppe
5 7. Mai, 11.35 Uhr: „Shoho“ wird durch die von australischen Stützpunkten gestarteten B-17 angegriffen und später versenkt.
6 7. Mai, 09.00 Uhr: Die Landungsgruppe zieht sich zurück.
7 7. Mai, 16.30 Uhr: Der Angriff japanischer Flieger scheitert.
8 Japanischer Luftangriff um 17.00 Uhr.
9 8. Mai, 11.27 Uhr: „Lexington“ getroffen.

→ Amerikanische Schiffsbewegungen
⇢ Amerikanische Flugzeugbewegungen
1 4. Mai, 08.15 Uhr: Erster Luftangriff durch die fliegenden Verbände von Fletcher.
2 Vorstoß der „Lexington“ (Fitch).
3 Vorstoß der „Yorktown“ (Fletcher).
4 5. Mai: Bombardierung von Port Moresby durch japanische Trägerflugzeuge.
5 7. Mai, 12.00 Uhr: US-Schiffe „Neosho“ und „Sims“ angegriffen. Sims versenkt, „Neosho“ bis 11. Mai außer Gefecht gesetzt.
6 8. Mai, 20.00 Uhr: „Lexington“ versenkt.
7 8. Mai, 09.00 Uhr: Luftangriff auf „Shokaku“ und „Zuikaku“.
9 Unterstützungsgruppe der Kreuzer unter Crace.

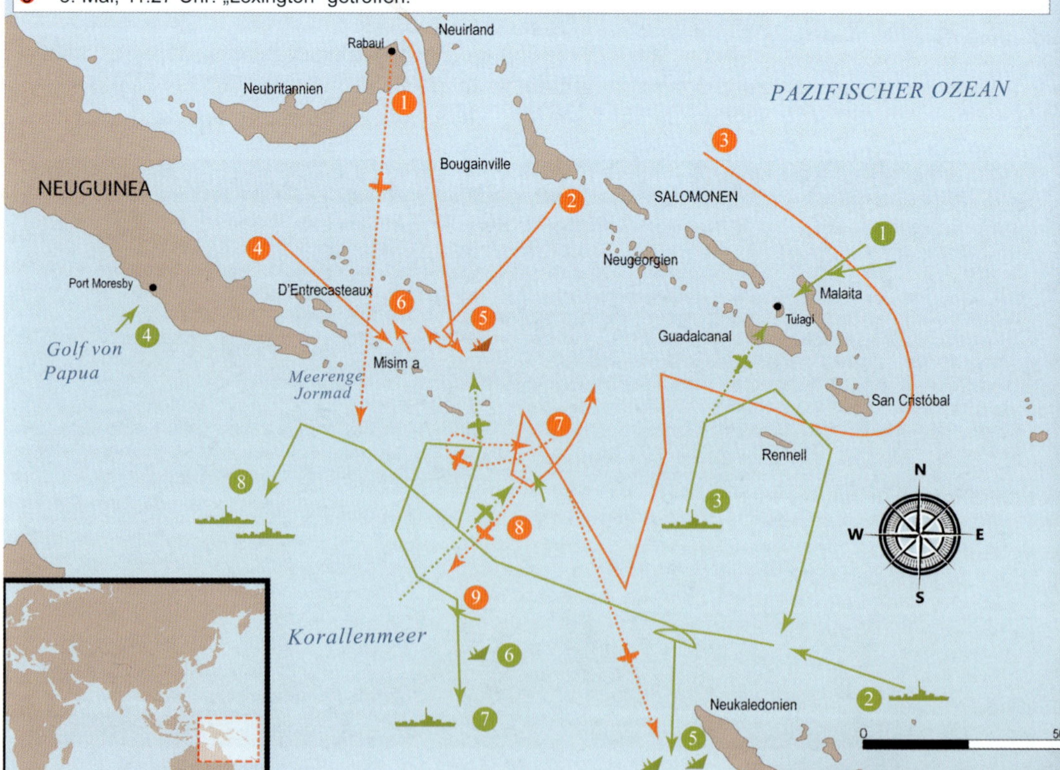

konzentrationen in Rabaul und Neuguinea, wobei bereits von Australien aus erste Bombenangriffe gegen diese japanischen Stützpunkte erfolgt waren.

Dem bevorstehenden Angriff auf Port Moresby von der Seeseite her hatten die Amerikaner zunächst nicht viel entgegenzusetzen: Die Flugzeugträger Enterprise und Hornet befanden sich noch auf dem Rückweg nach Pearl Harbor, nachdem sie die spektakulären Bombenangriffe der „Doolittle Raids“ gegen Tokio ermöglicht hatten. So standen hier als einzige US-Flugzeugträger die „Lextington“ und die „Yorktown“ zur Verfügung. Sie bildeten den Kern der Flotte, welche die Invasion von Port Moresby aufzuhalten suchte.

Chester Nimitz (links) trug auf amerikanischer Seite die Hauptlast der seestrategischen Entscheidungen im Pazifikkrieg.

Der Oberkommandierende der amerikanischen Pazifikflotte, Admiral Chester Nimitz, mußte um seine beiden einzigen Flugzeugträger herum einen Geleitschutz aus Kreuzern und Zerstörern aufbauen, ergänzt durch zwei Flottentanker. Darüber hinaus sollten für den Fall, daß sich die Kämpfe in die Länge ziehen sollten, die vom „Doolittle-Raid“ zurückkehrenden Flugzeugträger in Pearl Harbor nur schnellstmöglich ihre Vorräte ergänzen und dann sogleich wieder mit Kurs auf das Korallenmeer in See stechen.

Nimitz beschloß, sein Flottenkontingent in zwei Einsatzgruppen („Task Forces“, kurz „TF“) zu teilen: Die TF-17 unter Konteradmiral Fitch und die TF-44 unter Konteradmiral Crace von der Royal Australian Navy (RAN).

In einem Punkt unterschied sich die Schlacht im Korallenmeer von den vorangegangenen Seeschlachten im Pazifik: Dies war kein simples Artillerieduell zweier Flottenverbände um die Beherrschung eines Seegebietes, sondern die erste Schlacht auf offener See, bei der sich die Kontrahenten nicht mehr zu Gesicht bekamen und sich auch nicht mehr

Die amerikanischen Seestreitkräfte

Die TF-17 bestand, abgesehen von den beiden verfügbaren Flugzeugträger („Yorktown“ unter Konteradmiral Fletcher und „Lexington“ unter Konteradmiral Fitch) aus den schweren Kreuzern „New Orleans“, „Minneapolis“, „Portland“, „Chester“ und „Astoria“ sowie den Zerstörern „Phelps“, „Farragut“, „Aylwin“, „Dewey“, „Monaghan“, „Russel“, „Anderson“, „Hammany“ und „Morris“. Die fünf erstgenannten dienten als Geleitschutz für die Kreuzer, die vier letztgenannten für die Flugzeugträger. Darüber hinaus verfügbar waren noch die beiden Flottentanker „Neosho“ und „Tippecanoe“, jeweils geleitet von den Zerstörern „Sims“ bzw. „Warden.“

Die TF-44 setzte sich zusammen aus dem amerikanischen schweren Kreuzer „Chicago“ und zwei Kreuzern der Royal Australian Navy, einem schweren („Australia“) und einem leichten („Hobart“) unter dem Geleitschutz der Zerstörer „Perkins“, „Farragut“ (ab 7. Mai) und „Walke“. Sie wurden zudem begleitet von sieben U-Booten und dem Wasserflugzeugtender „Tangier“ zur Versorgung der zwölf zur Fernaufklärung bestimmten „Catalina“-Flugboote.

Die einzige Luftunterstützung für die Amerikaner kam von den beiden Flugzeugträgern: Auf der „Lexington“ waren das 23 Jagdeinsitzer Grumman F4F „Wildcat“, 36 Sturzkampfbomber Douglas SBD „Dauntless“ und 12 Torpedobomber TBD „Devastator“, auf der „Yorktown“ 21 Jäger, 38 Stukas und 13 Torpedobomber.

Luftaufklärung

In einem so ausgedehnten Gebiet wie dem Korallenmeer war die Luftaufklärung ein entscheidender Faktor. Auf diesem Gebiet war die japanische Marine wesentlich im Vorteil dank ihrer viermotorigen Fernaufklärungsflugboote vom Typ Kawanishi H6K „Mavis" mit einer Reichweite von 6.080 km (3.300 Seemeilen) gegenüber den „nur" 3.780 km (2.040 sm) der zweimotorigen amerikanischen PBY „Catalina".
Zudem waren alle japanischen Kreuzer mit je zwei bis vier katapultfähigen Bordflugzeugen des Typs Mitsubishi FIM (US-Code „Pete") mit einer Reichweite von immerhin 740 km (400 sm) ausgerüstet, während auf alliierter Seite durchaus nicht alle Kreuzer über Bordflugzeuge verfügten, wiewohl ihre Maschinen vom Typ Vought OS2U „Kingfisher" – soweit vorhanden – mit einer Reichweite von 1.300 km (700 sm) ihrem japanischen Gegenstück überlegen waren.
Auch die Flugzeugträger beider Kontrahenten setzten Flugzeuge zu Aufklärungszwecken ein. Die Amerikaner nutzten hierzu ihre Sturzkampfbomber des Typs Douglas SBD „Dauntless" mit einer Reichweite von 2.164 km (1.170 sm), die Japaner ihren Stuka Aichi D3A „Val" mit 1.472 km (795 sm) Reichweite.

gegenseitig unter Artilleriefeuer nahmen. Es war die erste Seeschlacht, die durch die Marineflieger entschieden wurde.

Den Beginn der Schlacht markierte am 3. Mai 1942 die japanische Landung auf Tulagi, vor der Nordküste von Guadalcanal, die auf keinerlei Widerstand stieß und der Errichtung von Stützpunkten für Fernaufklärungsflugboote diente. Die Amerikaner erfuhren davon durch eines ihrer Aufklärungsflugboote vom Typ PBY „Catalina".

Obwohl es die US Navy vorgezogen hätte, nicht die Aufmerksamkeit auf die Anwesenheit ihrer Seestreitkräfte in diesem Gebiet zu lenken, hätte die Errichtung eines Stützpunktes für Aufklärungsflugboote in Tulagi letzten Endes ja doch zu ihrer Entdeckung geführt. Daher beschloß sie so bald wie möglich ihre Bomber gegen den Liegeplatz von Tulagi einzusetzen, da – wie so oft während dieser Schlacht – die Witterungsbedingungen entscheidender waren als die Wünsche der Admirale.

In mehreren Angriffswellen vermochten die US-Flugzeuge ohne eigene Verluste einen Gutteil der in Tulagi liegenden japanischen See-

Die US-Marinefliegerei

Die Grumman F4F „Wildcat" war 1942 das wichtigste trägergestützte Jagdflugzeug der US Navy. Ein erfahrener Jagdflieger konnte mit dieser soliden und robusten Maschine durchaus gegen eine „Zero" bestehen, sofern er klugerweise den Kurvenkampf vermied. Der mit sechs 12,7-mm-MG's gut bewaffnete Jagdeinsitzer erreichte eine Höchstgeschwindigkeit von 515 km/h.
Der Standard-Torpedobomber TBD „Devastator" war 1942 bereits veraltet. Recht langsam und mit dem problembehafteten Mk.XIII-Torpedo bestückt, wurde er wenig später von der leistungsfähigeren und vielseitigeren „Avenger" abgelöst.
Der robuste Sturzkampfbomber Douglas SBD „Dauntless" war bei seinen Besatzungen sehr beliebt. Er erreichte eine Höchstgeschwindigkeit von 430 km/h und konnte mit einer 500-kg-Bombe sowie mehreren 50-kg-Bomben bestückt werden. Die recht starke Bewaffnung umfaßte zwei 12,7-mm- und zwei 7,62-mm-MG's, weshalb das Muster zuweilen auch als Jagdflugzeug eingesetzt wurde.

Die Seestreitkräfte des Commonwealth verfügten über schwere Kreuzer vom Washington-Typ, die ihren japanischen Gegenstücken weit unterlegen waren.

Erste Angriffe auf Tulagi

Die US-Streitkräfte südlich von Guadalcanal bewegten sich westwärts. Zwischen ihnen und Tulagi erstreckte sich eine Wolkenbank mit heftigen Sturzregen, und die Schiffe hatten mit Windgeschwindigkeiten von bis zu 60 km/h zu kämpfen. Zwar schützten sie die Wolken einerseits vor der feindlichen Luftaufklärung, doch andererseits erschwerten die starken Winde auch ganz erheblich den Einsatz der eigenen Flugzeuge. Da zudem die Betankung der Lexington noch nicht abgeschlossen war, konnte zu diesem Zeitpunkt allein die „Yorktown" ihre Flugzeuge gegen Tulagi einsetzen. Fletcher ließ den Flugzeugträger daher mit 27 kn Fahrt auf Nordkurs gehen, um so rasch wie möglich ans Ziel zu kommen. Am folgenden Tage gegen 06.00 Uhr erreichte er eine Position rund 100 Meilen südöstlich von Guadalcanal.

Von dieser Position aus starteten 12 „Devastator"-Torpedobomber der VT-5 (VT = Torpedogeschwader) und 28 „Dauntless"-Stukas der VB-5 und VS-5 (VB = Bombergeschwader; VS = Aufklärungsgeschwader) zusqmmen mit einem Jägerbegleitschutz von 6 „Wildcat" der VF-5 (VF = Jagdgeschwader). Die Maschinen der VT-5 waren mit den unzuverlässigen Mk.XIII-Torpedos bestückt, die Flugzeuge der VB-5 und VS-5 mit einer Bombenlast von je 1.000 oder 500 lb (454 bzw. 227 kg) zum Angriff auf Land- oder Schiffsziele. Die 15 übrigen „Wildcat" der VF-5 blieben als Luftnahdeckung beim Flugzeugträger für den Fall, daß dieser von Feindflugzeugen entdeckt und angegriffen würde.

Zuerst gesichtet wurden die vor Tulagi liegenden japanischen Schiffe um 08.00 Uhr von den Flugzeugen der VS-5 unter Lieutenant Commander (Korvettenkapitän) Burch. Ihr erstes Opfer war der japanische Zerstörer „Kikuzuki": Der Volltreffer einer 227-kg-Bombe zerstörte seinen Maschinenraum. Darüber hinaus wurden zwei Minensucher versenkt und ein dritter beschädigt. Wenig später trafen die „Devastator" der VT-5 ein, die mit ihren Torpedos den Minensucher „Tama Maru" und zwei Vorpostenboote versenkten. Zuletzt erschien auch noch die VB-5 auf der Bildfläche, fand aber keine lohnenden Ziele mehr.

Alle Geschwader kehrten ohne eigene Verluste zur „Yorktown" zurück, wo sie für einen zweiten Angriff unverzüglich wieder aufmunitionierten und auftankten. Als die US-Flugzeuge erneut über Tulagi auftauchten, ließen sich die Japaner nicht mehr überraschen wie beim ersten Mal und empfingen die Amerikaner mit heftigem Flakfeuer. Dennoch gelang den USN-Piloten die Zerstörung zweier dort liegender „Mavis"-Großflugboote.

Als diese zweite Angriffswelle zum Flugzeugträger zurückkehrte, berichteten die Marineflieger, daß noch drei weitere „Mavis" in Tulagi lägen. Daher befahl Fletcher mit der für ihn typischen Umsicht einen dritten Luftangriff, diesmal durch sechs „Wildcat"-Jagdeinsitzer der VF-5, welche die restlichen Flugboote rasch und gründlich erledigten. Nebenbei griffen sie auch noch den Zerstörer „Yuzuki" an, auf dem zwar nur leichte Sachschäden durch MG-Feuer, aber immerhin 10 Tote – darunter der Schiffskommandant – und 20 Verwundete zu beklagen waren. Gegen Abend startete eine vierte Angriffswelle mit 21 Sturzkampfbombern vom Typ SBD „Dauntless", die jedoch kein wirklich lohnendes Ziel mehr vorfanden und lediglich vier Landungsboote versenkten.

und Luftstreitkräfte zu vernichten. Diesen Angriffen durch die „Yorktown“ am 4. Mai schloß sich die „Lexington“ am 5. Mai an; noch in den Abendstunden des gleichen Tages gingen beide Flugzeugträger auf Kurs West-Nordwest, um in den frühen Morgenstunden des 7. Mai etwa 100 Meilen südlich der Rossel-Insel im Luisiaden-Archipel auf Position zu gehen.

In diesem Moment beschloß Fletcher die Kreuzer der TF-44 zur Blokkade der Jormad-Straße zu entsenden, da er richtigerweise annahm, die Japaner würden mit ihrer gegen Port Moresby gerichteten Landungsflotte dort durchzustoßen versuchen. Hierzu mußte man diese Kreuzer von den Flugzeugträgern des Admirals Crace abziehen – die schweren Kreuzer „Australia“ und „Chikago“ wie auch den leichen Kreuzer „Hobart“ und darüber hinaus die Zerstörer „Perkins“, „Walke“ (sic) und „Farragut“. Diese Entscheidung wurde im Nachhinein heftig kritisiert, da sie einerseits den Luftabwehrschirm der US-Flugzeugträger schwächte und andererseits die Schiffe der TF-44 ohne Luftdeckung möglichen Angriffen der landgestützten japanischen Marinefliegerverbände aussetzte, was sich zuvor bereits in mehreren ähnlichen Fällen als fatal erwiesen hatte.

Konteradmiral Crace, besorgt um die Verwundbarkeit seines Flottenverbandes gegen Luftangriffe, befahl seinen Kreuzern eine rautenförmige Formation und 25 kn Fahrt. Seine Befürchtungen sollten sich bald schon bewahrheiten: Nach mehreren Alarmen aufgrund von Sichtungen und vereinzelten Radarkontakten näherten sich gegen 14.30 Uhr

Die aus alten Schlachtkreuzern umgebauten großen amerikanischen Flugzeugträger konnten jeweils bis zu einhundert Flugzeuge unterschiedlicher Typen an Bord nehmen.

Der damals moderne Torpedobomber vom Typ „Avenger" wurde Mitte 1942 in Dienst gestellt. Bald schon sollte er seine Fähigkeiten unter Beweis stellen.

12 zweimotorige Bomber im Tiefflug über Backbordbug den alliierten Schiffen, was einen Torpedoangriff ankündigte. Die Schiffe der TF-44 begannen daher Ausweichmanöver zu fahren, während ihre Flak aus allen Rohren schoß, von den schweren 5-zölligen 127-mm-Mehrzweckgeschützen über die 40-mm-Bofors- und 20-mm-Oerlikon-Maschinenkanonen bis hin zu den 12,7-mm-Maschinengewehren der Luftnahverteidigung.

Zum Glück für die Amerikaner traf keiner der Torpedos, und auch das japanische Bordwaffenfeuer aus Maschinengewehren und 20-mm-Maschinenkanonen blieb ohne große Wirkung, während die Japaner fünf ihrer Flugzeuge verloren.

Den Angriff auf die TF-44 flog die 25. Luftflotte unter Admiral Yamada von Rabaul aus. Die fehlenden Versenkungserfolge bedeuteten, daß die amerikanischen Kreuzer nach wie vor die auf Port Moresby angesetzte japanische Invasionsflotte bedrohen und ihr darüber hinaus mit zunehmender Wahrscheinlichkeit auch die Durchfahrt durch die Meerenge von Jormad versperren konnten.

Diesem ersten Angriff folgten weitere drei. Den ersten davon flogen

Schiffsflak

Der Fehlgeschlagene Angriff auf die TF-44 ist ein gutes Beispiel für die geänderte Einstellung der Alliierten zu möglichen Luftangriffen gegen Schiffsziele auf offener See. Der Angriff auf Pearl Harbor hatte sich gegen Schiffe gerichtet, die unbeweglich vor Anker lagen und daher ein leichtes Ziel für Bomben und Torpedos boten. Da es sich zudem um einen Überraschungsangriff handelte, hatte die Schiffsflak nur zögerlich reagiert und nicht allzuviel erreicht.

Der erfolgreiche japanische Luftangriff auf die britische „Z Force" (Schlachtschiff „Prince of Wales" und Schlachtkreuzer „Repulse" mit sechs Zerstörern) vor der Küste von Malaysia hatte gezeigt, daß ein Flottenverband ohne Luftdeckung und mit nur spärlicher Flakartillerie im pazifischen Raum keine Überlebenschance hatte.

Diese und andere, ähnliche Erfahrungen der alliierten Seestreitkräfte während der ersten vier Kriegsmonate im Pazifik sowie der anderthalb Kriegsjahre im Atlantik und Mittelmeer führten zu einer raschen quantitativen und qualitativen Verstärkung der Schiffsflak, sowohl auf den bereits vorhandenen Schiffen – bei denen man jede Einsatzpause zur Bestückung mit Bofors- und Oerlikon-Maschinenkanonen nutzte – als auch bei noch im Bau befindlichen Einheiten, die während des Krieges mit einer weit stärkeren Flakbewaffnung als ursprünglich geplant in Dienst gestellt wurden.

Einer der älteren Torpedobomber vom Typ TBD „Devastator" mit beigeklappten Tragflächen auf dem Flugdeck eines US-Flugzeugträgers.

9 einmotorige Bomber, vermutlich „Val"-Stukas oder auch mit Bomben bestückte „Kate"-Torpedobomber, den zweiten 12 zweimotorige „Nell" und den dritten 19 weitere Bomber dieses Typs. Doch all diese Angriffe vermochten die Kreuzer von Admiral Crace nicht aufzuhalten. Daher befahl Vizeadmiral Inouye in den frühen Morgenstunden des 7. Mai einen Kurswechsel der Invasionsflotte in der Hoffnung, daß die japanische Hauptseestreitmacht den Weg durch die Meerenge von Jormad freikämpfen würde.

Mittlerweile hatte Fletcher am 6. Mai den Flottentanker „Neosho" zum Treffpunkt für die nächste Seebetankung beordert, wo er am 7. Mai um 08.00 Uhr in Begleitung des Zerstörers „Sims" eintraf. Diese rein logistische Entscheidung hatte weitreichende taktische Folgen, wie wir noch sehen werden.

Fletcher

Frank J. Fletcher war bereits 1914 für seine Bewährung in der Schlacht von Veracruz mit der Medal of Honor ausgezeichnet worden. Nach verschiedenen Kommandos an Bord größerer Kriegsschiffe übertrug man ihm die Führung der Task Force 17 samt der „Yorktown", wobei er anderen hohen Offizieren mit größerer Erfahrung auf Flugzeugträgern vorgezogen wurde.
Fletcher zeichnete sich bei den Schlachten im Korallenmeer, bei Midway und den Salomonen aus. Er beendete den Krieg als Vizeadmiral und Oberbefehlshaber des Kriegsschauplatzes („theatre") Nordpazifik.

Sturzkampfbomber SBD „Dauntless". Dieses Flugzeugmuster wurde zum Hauptdarsteller der Seeschlachten im Korallenmeer und bei Midway.

Die Schlacht im Korallenmeer

Abgesehen von den Ereignissen bei Tulagi waren die Luftstreitkräfte beider Seiten am 5. und 6. Mai vor allem mit Aufklärungsflügen beschäftigt. Die Amerikaner wußten mit Sicherheit, daß japanische Flugzeugträger in diesem Seegebiet standen. Ihre Trümpfe waren einerseits die Aufklärungsergebnisse des US-Funknachrichtendienstes und andererseits die Radarausrüstung einiger US-Kriegsschiffe, womit Flugzeuge bereits in einer Entfernung von 60 km (ca. 32 sm) augemacht werden konnten. Und tatsächlich meldeten die Radargeräte fremde Flugzeuge über Seegebieten, die viel zu weit von irgendwelchen Landflugplätzen entfernt lagen – ein sicheres Indiz für die Nähe feindlicher Flugzeugträger.

Die Japaner hielten die Anwesenheit amerikanischer Flugzeugträger in diesem Gebiet zwar für unwahrscheinlich, blieben aber dennoch mißtrauisch. Rabaul und die übrigen japanischen Stützpunkte auf Neuguinea wurden von Australien her bombardiert, sodaß die Schiffsansammlungen in Rabaul den Alliierten nicht verborgen bleiben konnten. Andererseits wußten die Japaner, daß alliierte Kriegsschiffe im Marinestützpunkt Noumea lagen. Daher entsandten beide Seiten ihre Aufklärungsflugzeuge auf eine rastlose Suche nach den jeweils feindlichen Kriegsschiffen.

Die erste Sichtung erfolgte am 7. Mai um 08.15 Uhr, als eine der auf Erkundungsflug befindlichen „Dauntless" der VB-5 zwei japanische Kreuzer 200 Meilen nordwestlich der amerikanischen Flugzeugträger entdeckte. Ohne erst zu prüfen, ob sich unter den entdeckten Schiffen auch die japanischen Flugzeugträger befanden, schickte Fletcher sofort seine Flugzeuge los. Die erste Angriffswelle, die sich in der Luft

Eine „Dauntless" im Fluge. Das bewegliche Zwillings-MG des Bordschützen, unüblicherweise mit einem gepanzerten Schutzschild versehen, war als Abwehrbewaffnung nicht zu unterschätzen.

zur Einsatzformation sammelte, umfaßte die Gruppe der „Lexington“ mit 10 Jägern, 25 Sturzkampf- und 12 Torpedobombern. Die Gruppe der „Yorktown“ hatte sich bis 09.45 Uhr in der Luft zum Einsatzverband formiert und bestand aus 8 Jägern, 25 Sturzkampf- und 10 Torpedobombern.

Die robuste und gut manövrierfähige „Dauntless“ genoß die Wertschätzung ihrer Besatzungen, die sie selbst gegen Kriegsende noch der moderneren „Helldiver“ vorzogen.

Dieser Angriff – übereilt angesetzt, ohne erst die Bestätigung der Aufklärerbesatzungen abzuwarten – verursachte eine erhebliche Unruhe unter den Amerikanern, als um 10.30 Uhr der vom Feindflug zurückgekehrte Aufklärerpilot meldete, unter den gesichteten japanischen Schiffen keinen Flugzeugträger ausgemacht zu haben. Stattdessen warnte ein Flugzeug des USAAC vor einem Flugzeugträger in diesem Gebiet, jedoch weiter südöstlich als die vom Flugzeug der VB-5 gemeldete Position des feindlichen Flottenverbandes.

Fast zur gleichen Zeit, zu der Fletcher die schlechte Neuigkeit erfuhr, sichteten die Flugzeuge der VB-2 von der „Lexington“ einen Flugzeugträger nordwestlich der Insel Tagula im Luisiaden-Archipel. Aus berechtigter Furcht vor einem Luftangriff verstärkten die Amerikaner den Jagdschutz über ihren Flugzeugträgern durch Sturzkampfbomber vom Typ „Dauntless“: Zwar keine eigentlichen Jagdflugzeuge, doch immerhin schneller als die feindlichen Torpedobomber, dazu äußerst robust und mit zwei starr nach vorn gerichteten 12,7-mm-MG’s (zusätzlich zum 7,62-mm-MG des Funkers/Bordschützen) für ihre Kategorie mit einer recht starken Angriffsbewaffnung bestückt.

Beim Flugzeugträger, den die Flugzeuge der „Lexington“ entdeckt hatten, handelte es sich um den leichten Flugzeugträger „Shoho“, auf dem in diesem Moment gerade Flugzeuge landeten und zugleich eine Angriffswelle vorbereitet wurde. Nach mehreren Treffern sank das Schiff mit einem Großteil seiner Besatzung.

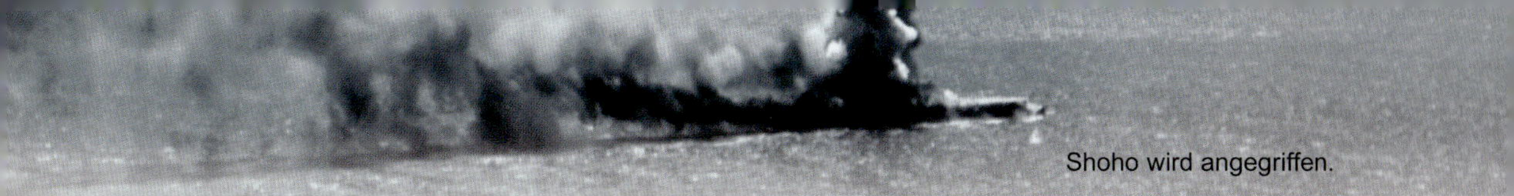

Shoho wird angegriffen.

Die Versenkung der Shoho

Als erste griffen die Sturzkampfbomber der „Lexington“ an. Dabei mußten sie eine dichte Sperrfeuerbarriere der fünf Geleitschiffe und des Flugzeugträgers selbst durchbrechen, dessen heftige Ausweichmanöver den Bomberpiloten zusätzlich das Zielen erschwerten. Dennoch wurde er von mehreren Fliegerbomben der VS-2 getroffen, die große Löcher ins Flugdeck rissen und das Flugbenzin in Brand setzten, das aus den durch die Bombentreffer zerrissenen Rohrleitungen floß.
Als nächstes kamen die „Devastator“ der VT-2, die gleichzeitig aus verschiedenen Richtungen angriffen und mehrere Torpedotreffer in die Schiffsflanken erzielten, darunter auch in den Maschinenraum. Der Flugzeugträger war bereits zum Untergang verurteilt, als die Torpedobomber der VT-5 von der „Yorktown“ eintrafen und ebenfalls mehrere Treffer erzielten.
Nach 13 Bomben- und mindestens 7 Torpedotreffern sank die „Shoho“ am 7. Juni 1942 um 11.35 Uhr mit rund 640 Mann ihrer Besatzung, darunter vielen gutausgebildeten und erfahrenen Fliegern, während die Angreifer lediglich drei Flugzeuge verloren hatten. Bis auf diese drei kehrten alle am Angriff beteiligten US-Flugzeuge bis 13.30 Uhr wieder zu ihrem Flugzeugträger zurück.

Fast gleichzeitig mit dem Angriff der TF-17 auf die „Shoho“ sichteten japanische Flugzeuge der Träger „Soryu“ und „Hiryu“ gegen 09.30 Uhr den amerikanischen Flottentanker „Neosho“ und seinen Begleitzerstörer „Sims“. Aufgrund einer Fehlmeldung ihrer Luftaufklärung waren die Japaner in dem Glauben losgeflogen, auf einen amerikanischen Flugzeugträger samt einem Geleitschiff zu treffen. Trotz ihrer Enttäuschung über diese geringwertigen Ziele griffen sie mangels eines besseren beide Schiffe mit Bomben und Torpedos an.

Die „Sims“ versuchte die „Neosho“ mit ihrer Flak zu decken, wurde dabei aber von mindestens zwei Bomben getroffen. Eine schlug in den Maschinenraum ein, die andere in die achteren Geschütztürme, wor-

Durch scharfe Manöver versucht die „Shoho“ den amerikanischen Fliegerbomben auszuweichen.

Japanischer Sturzkampfbomber Aichi „Val“, meist bewaffnet mit einer 250-kg-Bombe.

aufhin der Zerstörer binnen weniger Minuten sank. Die „Neosho“ wurden von mindestens sieben Bomben getroffen und dazu von einem Flugzeug, das auf ihren Bug stürzte. Trotz der enormen Schäden blieb der Tanker noch weitere vier Tage schwimmfähig. Trotz aller Bemühungen seiner Besatzung und des zur Unterstützung herbeigeeilten Zerstörers „Henley“ mußte er jedoch schließlich von letzterem versenkt werden.

Die japanische Führung erkannte sofort den Fehler, einen Einsatz dieser Größenordnung gegen Schiffe angesetzt zu haben, die für den Gegner nicht lebenswichtig waren. Dafür hatte man Bomben und eine Menge Treibstoff vergeudet sowie Flugzeuge, Piloten und wertvolle Zeit verloren – für nichts und wieder nichts.

Die japanischen Aufklärer sichteten die TF-17 südlich der Insel Rossel und bestätigten um 08.30 Uhr, daß sich unter diesen Schiffen auch Flugzeugträger befanden. Doch für einen Angriff mußten die Japaner auf die Rückkehr ihrer unnötigerweise gegen die „Neosho“ und die „Sims“ eingesetzten Flugzeuge warten, sie neu aufmunitionieren und auftanken, um sie dann erst auf die neuen Ziele ansetzen zu können. In der Zwischenzeit durften ihre Aufklärungsflugzeuge die amerikanischen Schiffe nicht aus den Augen verlieren – und das war garnicht so einfach, da an diesem Tage unbeständiges Wetter herrschte und Wolken die Luftaufklärung behinderten.

„Zero“-Pilot beim Einsteigen in seine Maschine. (Marineflieger-Museum Pearl Harbor)

Als man nun endlich zum Angriff gegen die Position starten konnte, an dem sich die US-Flugzeugträger befinden sollten, war es schon reichlich spät am Tag. Erst um 16.30 Uhr machten sich die 27 verfügbaren Flugzeuge (12 „Val“ und 15 „Kate“) auf den Weg ins Zielgebiet, was bedeutete, daß sie die feindlichen Schiffe bei einbrechender Dämmerung und dementsprechend schlechter Sicht ausmachen und angreifen mußten und ihre Rückkehr in die Nachtstunden fallen würde. Trotz alle-

Identifizierungsfehler

Bis Juni 1942 war das Hoheitszeichen an den Flugzeugen von USAAC, USN und USMC eine blaue Kreisfläche, belegt mit dem fünfzackigen weißen US-Stern und in dessen Mitte einer roten Kreisfläche. Dieser rote Kreis provozierte mehrere Zwischenfälle, da er während der ersten sechs Kriegsmonate im Eifer des Gefechts zuweilen mit dem japanischen Hinomaru-Zeichen verwechselt wurde. Daher wurde ab Juni 1942 das Abzeichen durch Wegfall des roten Mittelkreises „entschärft“.

dem starteten sie und machten sich auf die Suche, doch die Zeit verstrich, der Treibstoff ging allmählich zur Neige, und der Feind ließ sich nirgends blicken.

Als gerade noch genügend Treibstoff für den Rückflug vorhanden war, mußten sie notgedrungen umkehren, ohne zu wissen, daß sie die „Yorktown“ um kaum 50 Meilen verfehlt hatten. Der amerikanische Träger hatte mit seinem Bordradar die Japaner entdeckt und ließ sofort alle seine verfügbaren Jagdflugzeuge angreifen. Bei den folgenden Luftkämpfen verloren die Japaner insgesamt neun Maschinen, die Amerikaner zwei. Ein japanisches Flugzeug hatte sich „verfranzt“ und flog ahnungslos so dicht an der „Yorktown“ vorbei, daß seine Besatzung Leuchtsignale gab in der Annahme, einen der eigenen Flugzeug-

Der „Deck Park“: Die Amerikaner pflegten stets auch etliche Bordflugzeuge auf dem Flugdeck statt im Hangar abzustellen, wo sie zwar ungeschützt waren, aber die Gesamtkapazität des Trägers vergrößerten. Hier „Dauntless“-Sturzkampfbomber bereit zum Start.

Landung an Bord des japanischen Flugzeugträgers „Shokaku“.

Japanischer Flugzeugträger der „Shokaku"-Klasse samt Geleitschutz bei hoher Fahrt.

träger vor sich zu haben. Eine nahe „Wildcat" schoß die japanische Maschine ab. Doch dieser kleine Zwischenfall hatte die amerikanischen Flakartilleristen derart nervös gemacht, daß sie sogar einige der vom Einsatz zurückkehrenden eigenen Flugzeuge unter Feuer nahmen, wenn auch ohne ernste Folgen.

Als die Angriffe des 7. Mai endeten, hatten beide Seiten ihre Kräfte gegen falsche Ziele vergeudet, und am 8. Mai rangen sich die beiden Kontrahenten zu der Erkenntnis durch, daß die ganze Arbeit noch immer unerledigt vor ihnen lag.

Die japanischen Pläne für das „Unternehmen MO" sahen die Landung bei Port Moresby für den 10. Mai vor. Und obwohl sich die Schiffe von Konteradmiral Kajioda nach Norden zurückziehen mußten, um den Kreuzern der TF-44 auszuweichen, welche die Meerenge von Jormad blockierten, konnte er vielleicht noch sein Ziel erreichen, sofern die Flugzeuge oder Schiffe der Unterstützungsgruppe die feindlichen Kreuzer aus dem Wege räumten.

Gegenüber dem 8. Mai hatten sich die Witterungsbedigungen genau umgekehrt. Nun waren es die japanischen flugzeugträger, die – etwa 100 Meilen südwestlich der Insel Rossell – unter einer schützenden Wolkendecke den Amerikanern verborgen blieben. Diese hingegen – rund 200 Meilen südöstlich der Japaner fahrend – waren unter einem wolkenlosen Himmel ungeschützt den Blicken jedweder Aufklärungsflugzeuge preisgegeben, selbst aus großer Entfernung oder großer Flughöhe.

Als weiteren Vorteil konnten die Japaner auf ihre Fernaufklärungsflugboote zählen, die von Rabaul und Tulagi aus starteten (wohin sie nach den US-Luftangriffen am 4. Mai zurückgekehrt waren). Nunmehr liefen die „Zuikaku" und die „Shokaku" weit genug voneinander entfernt, um nicht beide auf einmal entdeckt zu werden, und doch nahe genug beieinander, um sich im Falle eines Angriffes mit ihren Bordflugzeugen gegenseitig unterstützen zu können.

Die brennende „Yorktown" nach Bombentreffern japanischer Trägerflugzeuge.

Beide Gegner wußten, daß der, der den anderen als erster entdeckte, klar im Vorteil wäre. Und so sahen die ersten Morgenstunden des 8. Mai Kurswechsel auf beiden Seiten und eine hektische Aktivität der Aufklärungsflugzeuge, in deren Folge beide Kontrahenten annähernd gleichzeitig ihren jeweiligen Gegner in Sicht bekamen.

Schlacht im Korallenmeer: Japanischer Angriffsplan

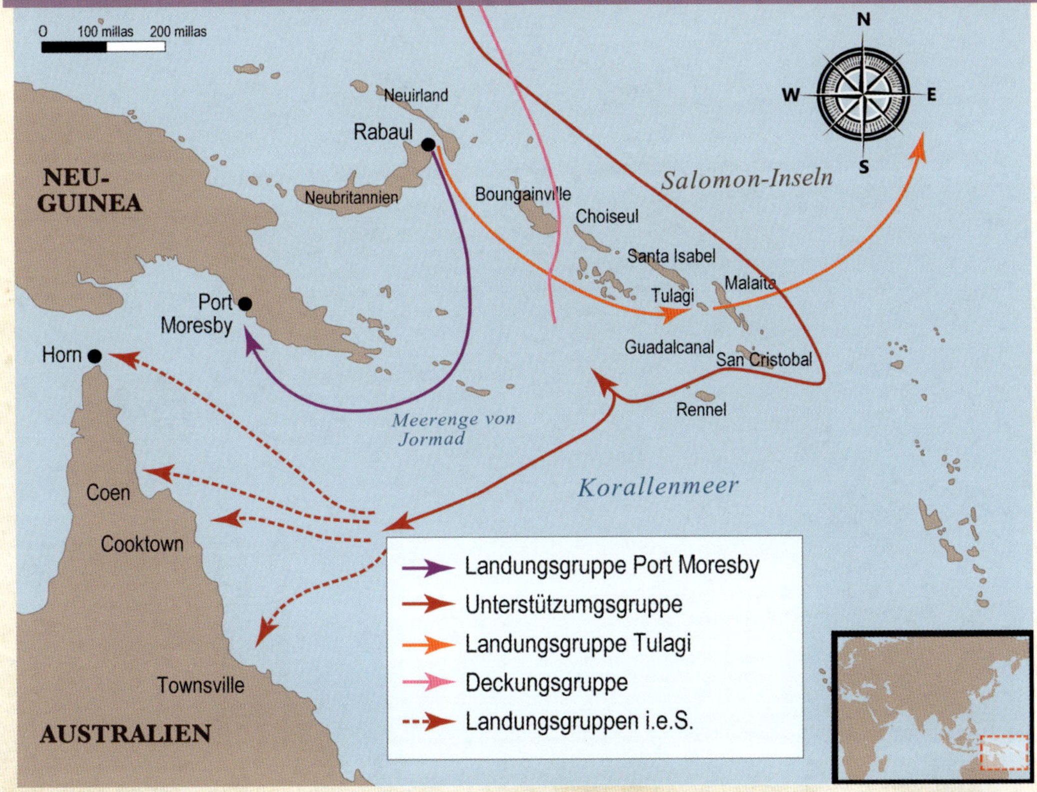

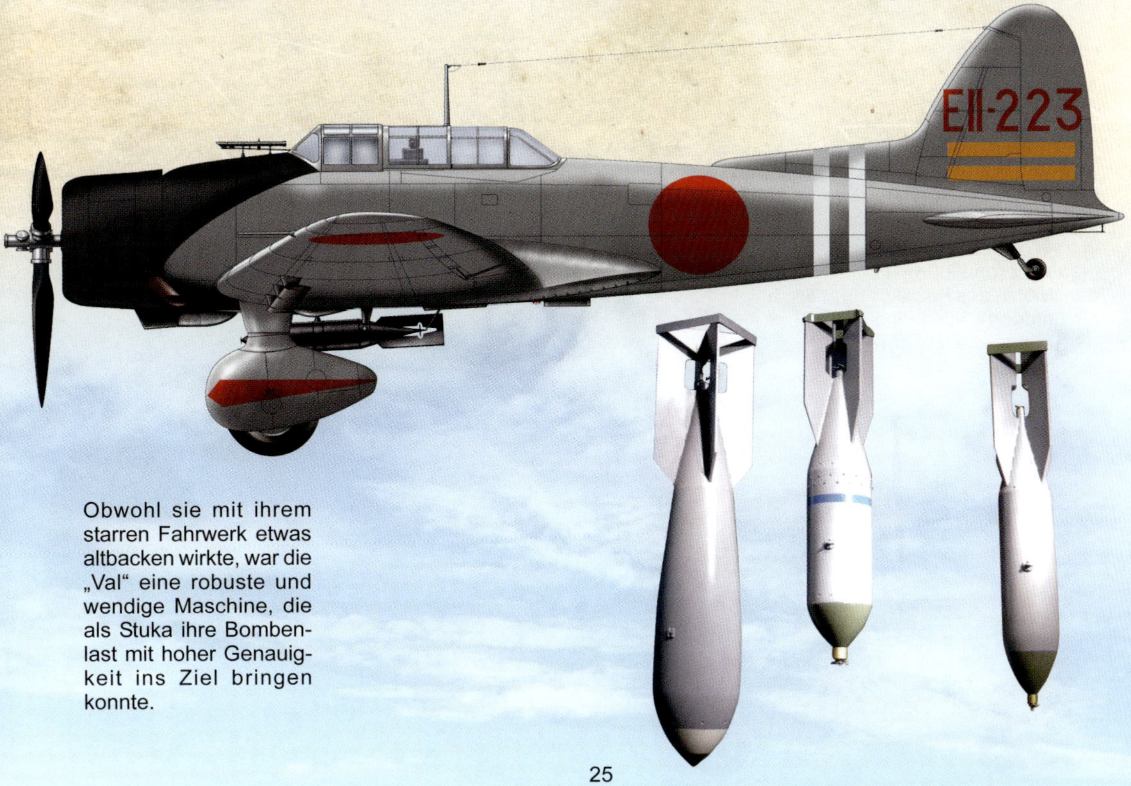

Obwohl sie mit ihrem starren Fahrwerk etwas altbacken wirkte, war die „Val“ eine robuste und wendige Maschine, die als Stuka ihre Bombenlast mit hoher Genauigkeit ins Ziel bringen konnte.

Die Insel Midway

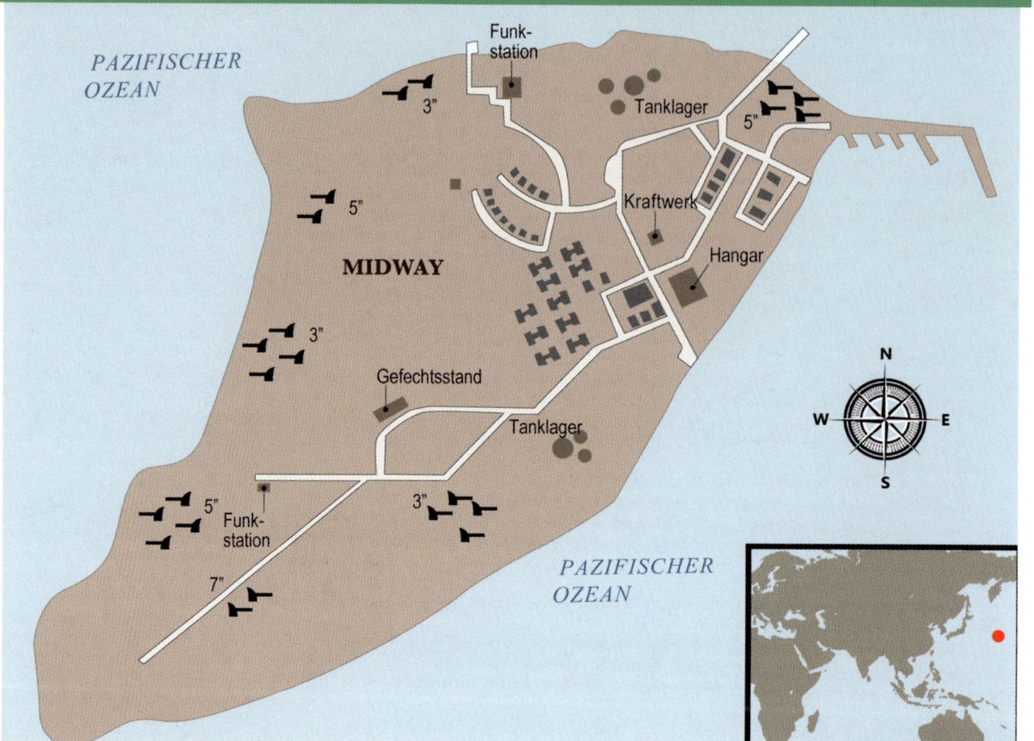

Das Amphibienflugboot PBY „Catalina“ war dank großer Reichweite der ideale Fernaufklärer in den Weiten des Pazifiks. So entdeckte auch eine „Catalina“ die japanischen Flugzeugträger.

Mit der Versenkung des Schlachtschiffes USS „Arizona“ in Pearl Harbor endete die Vorherrschaft der Schlachtschiffe auf den Weltmeeren, und es begann die Ära des Flugzeugträgers.

Die Schlacht von Midway, 26. Mai – 5. Juni 1942

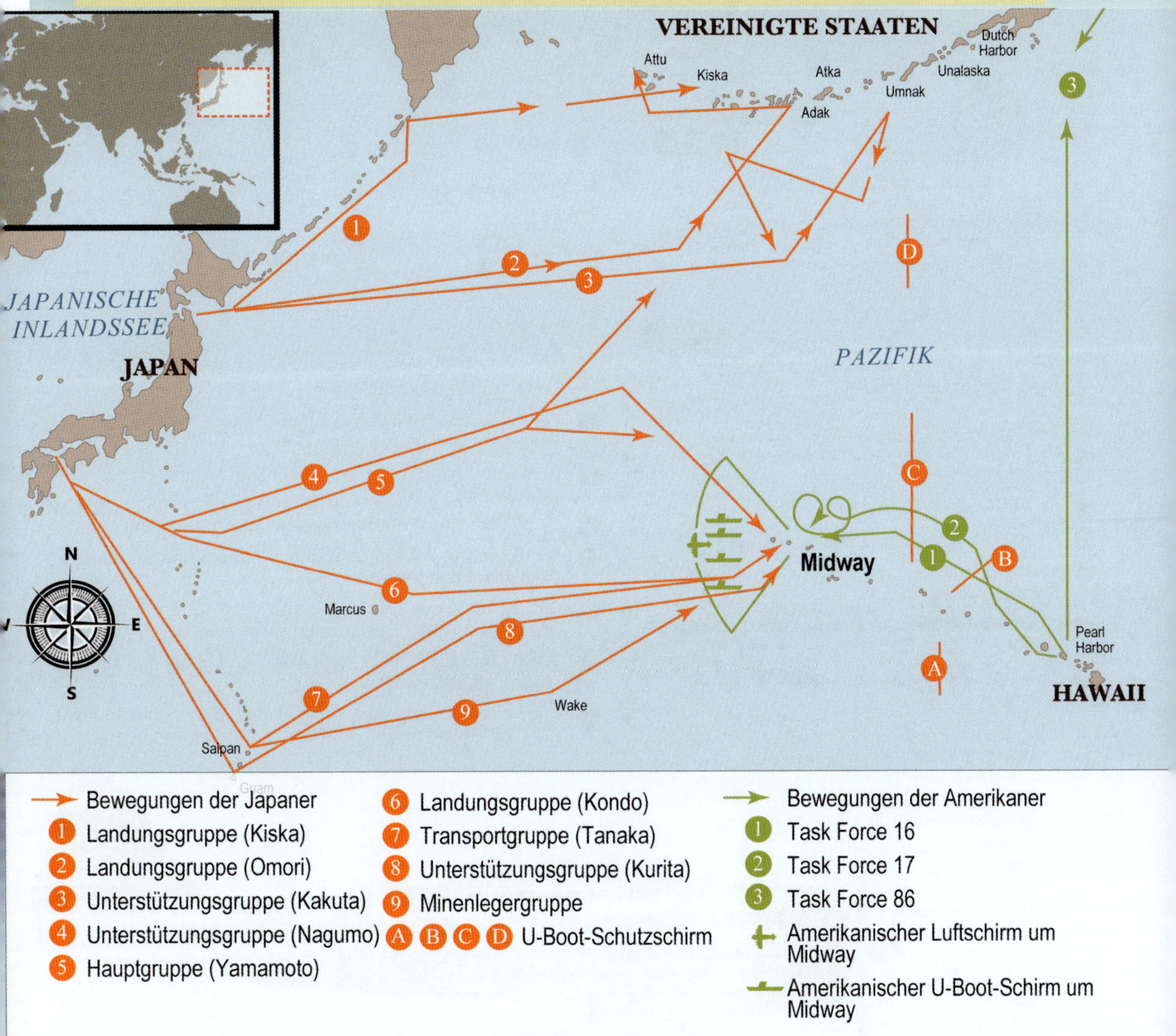

Die Schlacht von Midway, 4. Juni, 4.00 – 10.30 Uhr

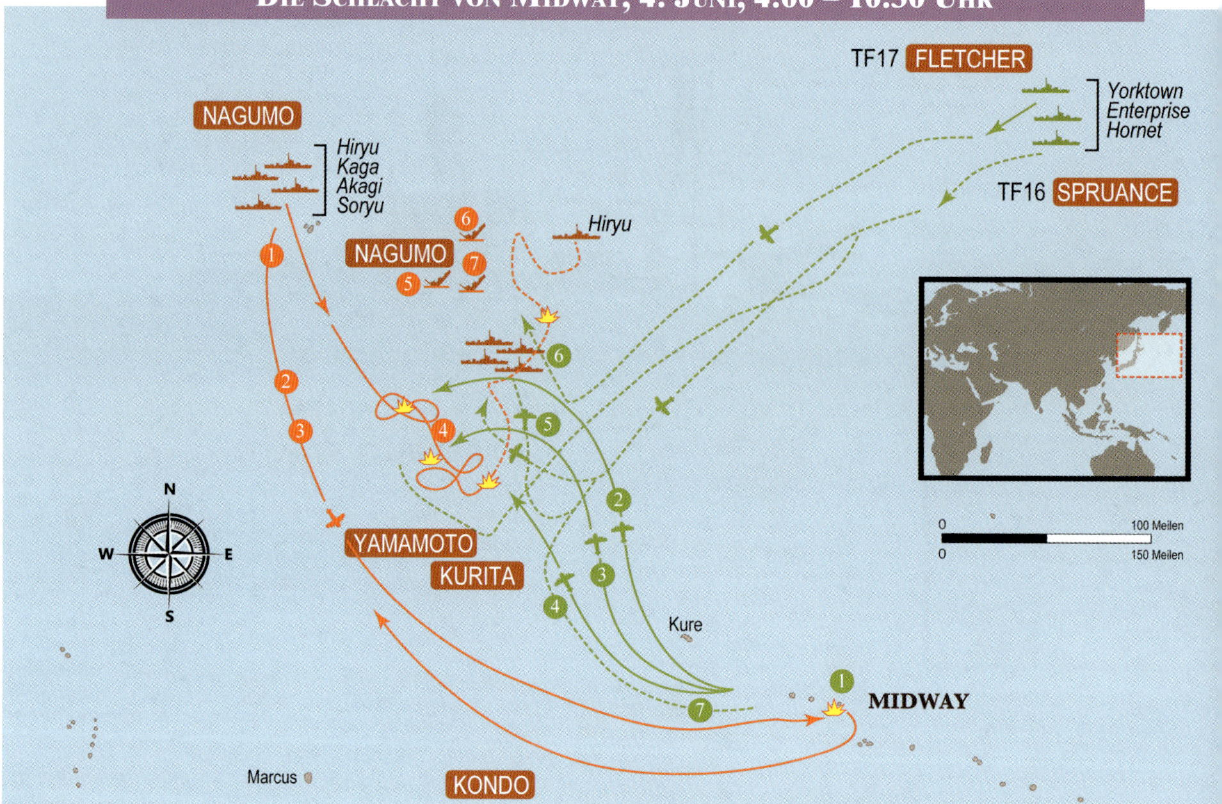

Bewegungen der Japaner

1. 04.00 Uhr: Bomberwelle gegen Midway.
2. 05.45 Uhr: Aufklärungsflugzeug sichtet US-Flotte.
3. 05.50 Uhr: Japanische Flotte entdeckt.
4. 08.30 Uhr: Japanische Flotte ändert Kurs.
5. 16.40 Uhr: Die *Kaga* wird aufgegeben und sinkt drei Stunden später.
6. 19.10 Uhr: Die *Soryu* wird aufgegeben und sinkt kurz darauf.
7. 23.30 Uhr: Die *Akagi* wird aufgegeben und sinkt am 5. Juni.

Bewegungen der Amerikaner

1. 06.30 Uhr: Der Bombenangriff auf Midway beginnt. Die US-Flugzeuge sind bereits in der Luft.
2. 07.05 Uhr: Angriff der Torpedobomber abgewehrt, nur einer kehrt zurück.
3. 07.55 Uhr: Angriff der Sturzkampfbomber abgewehrt.
4. 08.10 Uhr: Angriff von Sturzkampfbombern und schweren B-17-Bombern abgewehrt.
5. 09.20 Uhr: Angriff durch die Torpedobomber der *Hornet* und der *Yorktown*. 24 Flugzeuge abgeschossen.
6. 10.00 Uhr: Angriff durch die Torpedobomber der *Yorktown*. 10 Flugzeuge abgeschossen.
7. Die Torpedobomber der *Hornet* können die japanische Flotte nicht finden und landen auf Midway.

Die hervorragende Zero war 1942 das wohl beste Jagdflugzeug aller Seefliegerstreitkräfte weltweit: Wendig, schnell und gut bewaffnet und von großer Reichweite, war sein einziger Schwachpunkt der mangelhafte Schutz gegen Beschuß.

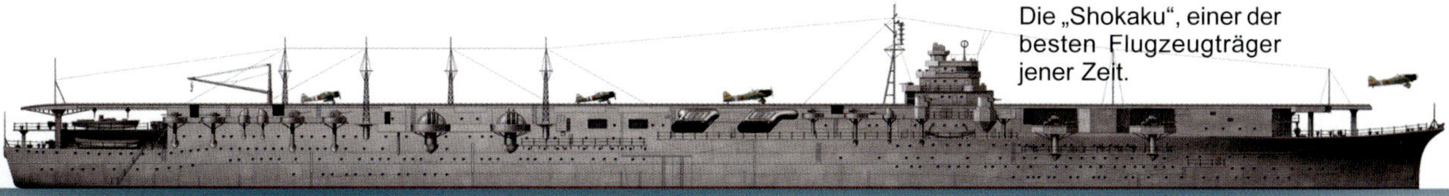

Die „Shokaku“, einer der besten Flugzeugträger jener Zeit.

Die Schlacht von Midway, 4. Juni, 10.30 Uhr – 6. Juni, 12.00 Uhr

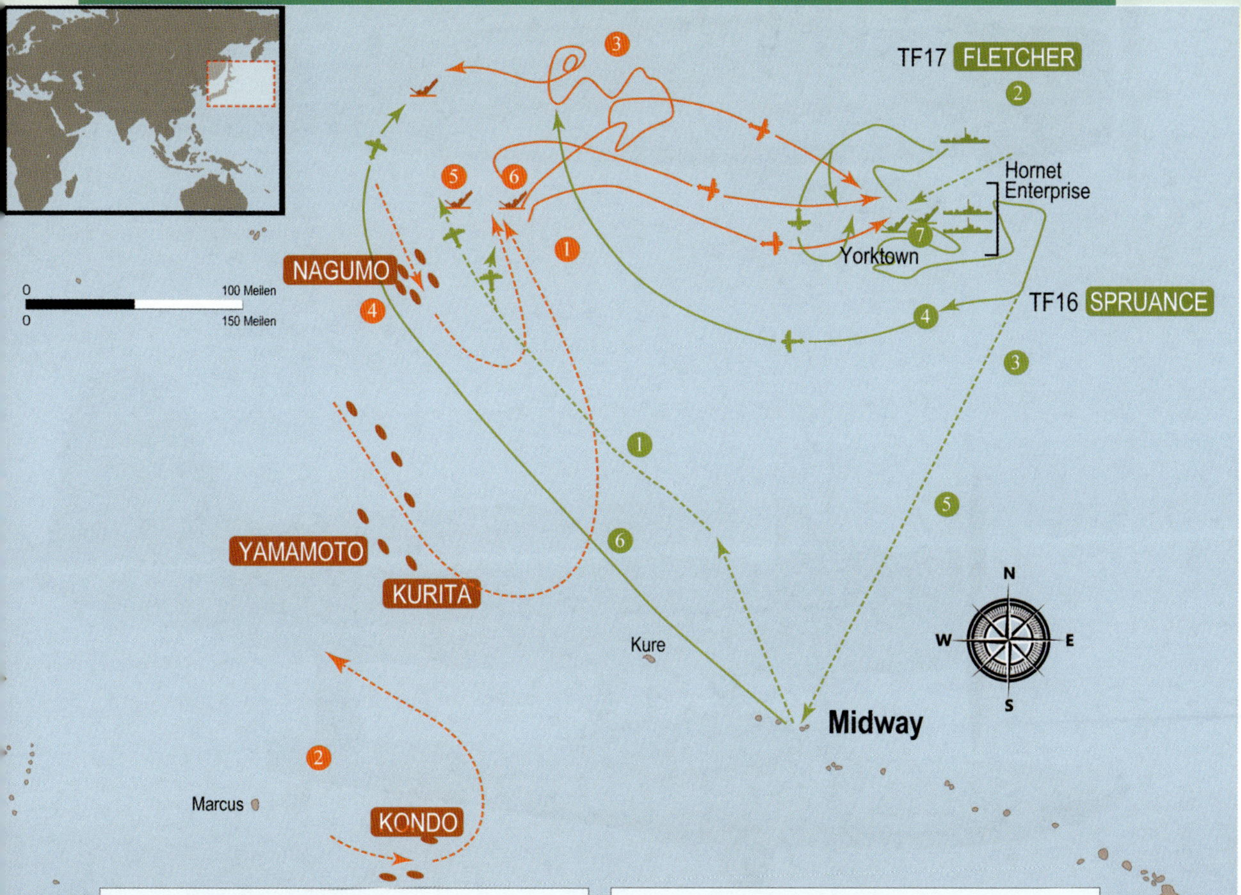

Bewegungen der Amerikaner

1. 4. Juni, 10.20 – 10.30 Uhr: 54 Sturzkampfbomber der *Yorktown* und der *Enterprise* greifen die *Kaga*, *Akagi* und *Soryu* an.
2. Jagdflugzeuge der *Yorktown* schießen 3 japanische Jäger und 6 Bomber ab.
3. 15.00 Uhr: Die *Yorktown* wird aufgegeben.
4. 17.00 Uhr: Flugzeuge der *Enterprise* greifen die *Hiryu* an und setzen sie in Brand, 3 werden abgeschossen.
5. Spruance zieht sich zurück.
6. 5. Juni: Die *Mikuma* und die *Mogami* kollidieren.
7. 6. Juni: Die *Hamman* wird torpediert.

Bewegungen der Japaner

1. Sturzkampfbomber der *Hiryu* greifen die *Yorktown* an.
2. Das Midway-Unternehmen wird am frühen Nachmittag abgebrochen, da die US-Flotte unauffindbar bleibt. Die japanischen Schiffe gehen auf Heimatkurs.
3. 14.30 Uhr: Zweiter Luftangriff der *Hiryu* gegen die *Yorktown*. Vier Torpedotreffer erzielt.
4. 19.00 Uhr: Die *Kaga* wird aufgegeben und sinkt am 5. Juni.
5. 5. Juni, 01.00 Uhr: Die *Hiryu* wird aufgegeben und sinkt um 08.00 Uhr.
6. 6. Juni: Die *Mikuma* sinkt.

Japanischer Horizontal- und Torpedobomber Nakajima B5N2 „Kate". Der Dreisitzer konnte einen Torpedo Typ 91 oder bis zu 800 kg Bomben mitführen.

Aufklärungs-Schwimmerflugzeug Vought „Kingfisher", der gängigste Bordaufklärer amerikanischer Großkampfschiffe.

Dauntless

Wildcat

Zwei „Dauntless“ überfliegen den zum Untergang verurteilten Flugzeugträger „Akagi“.

Der schwere Kreuzer „Chokai“. Die kampfstarken japanischen Überwasserstreitkräfte hatten bei Midway keine Gelegenheit, das Schlachtenglück zugunsten Japans zu wenden.

„Zero"-Jäger kurz vor dem Start auf dem Flugdeck der Zuikaku.

Gegen 08.30 Uhr meldete ein japanisches Flugzeug über Funk die Sichtung zweier feindlicher Flugzeugträger. Doch sein Funkspruch wurde abgefangen und vom US-Funknachrichtendienst rasch entschlüsselt: Nun wußte Konteradmiral Fitch, daß er entdeckt war; nahezu gleichzeitig meldete eines seiner Aufklärungsflugzeuge die Sichtung eines japanischen Flugzeugträgers bei den Startvorbereitungen.

Der Kommandeur des Aufklärungsgeschwaders VS-2 startete von der Lexington und versuchte mit den feindlichen Kräften Fühlung zu halten, konnte sie aber erst gegen 09.30 Uhr ausmachen, da ihm der zuvor eingesetzte Aufklärer eine falsche Position übermittelt hatte. Seit der ersten Sichtung war kaum eine halbe Stunde vergangen, als die Flugzeuge der Geschwader 2 und 5 (von der „Lexington" bzw. der „Yorktown") den Befehl erhielten, zu starten und Kurs auf die japanischen Schiffe zu nehmen.

Der Angriff auf die Shokaku

Als die Sturzkampfbomber der „Yorktown" – schneller als die Torpedobomber – gegen 11.00 Uhr auf die Japaner stießen, konnten sie nur die „Shokaku" ausmachen, da die in der Nähe befindliche „Zuikaku" zu ihrem Glück hinter Wolken verborgen war. Doch obwohl die Stukas als erste am Ziel waren, griffen sie nicht als erste an – das taten die Torpedobomber der „Yorktown" (VTS). Ihr Angriff, geführt von Lieutenant Commander Taylor, scheiterte jedoch, weil die Piloten ihre Torpedos in zu großer Entfernung von den japanischen Flugzeugträgern abwarfen. Darüber hinaus zeigten sich wieder einmal die typischen Probleme der Mk.XIII-Torpedos: Obwohl bei angemessener Geschwindigkeit und Flughöhe abgeworfen, hielten sie nicht den Kurs und waren außerdem zu langsam, sodaß sie – um von den japanischen Schiffen nicht ausmanövriert zu werden – aus selbstmörderisch kurzer Distanz abgeworfen werden mußten.

Als nächstes stürzten sich die Sturzkampfbomber auf die Japaner. Zwei 500-lb-Bomben (227 kg) trafen die „Shokaku"; eine davon riß einen enormen Krater ins Flugdeck, die andere drang vor ihrer Explosion bis zum zweiten Deck ein und setzte das Flugbenzin in Brand.

Inzwischen hatte sich die Bordfliegergruppe der „Lexington" wegen schlechten Wetters zerstreut, und viele ihrer Flugzeuge mußten umkehren, da ihnen nur noch genügend Sprit für den Rückflug zu ihrem Flugzeugträger verblieben war. Doch um 11.40 Uhr sichteten sechs Begleitjäger und vier Bomber die „Shokaku". Wiederum war der Angriff der Devastator-Torpedobomber erfolglos und brachte den Amerikanern nichts ein als den Verlust von fünf dieser Maschinen. Und wieder einmal waren es die bewährten Dauntless-Sturzkampfbomber, die einen Erfolg erzielten. Obwohl nur vier von ihnen auf der Bildfläche erschienen waren, von denen zwei abgeschossen wurden, traf eine weitere Bombe den japanischen Flugzeugträger und verschlimmerte seine Lage soweit, daß er sich aus dem Kampf zurückziehen mußte.

Oben:
Die „Zuikaku“ bei Höchstfahrt. Sie konnte bis zu 34 Knoten erreichen.

Sie fanden die „Shokaku“, die durch mehrere Bombentreffer schwer beschädigt wurde.

Vor Ankunft der ersten amerikanischen Trägerflugzeuge hatten bereits die Japaner ihre erste Angriffswelle von 70 Maschinen gestartet. Die Amerikaner, die sich bereits entdeckt wußten, erwarteten den Angriff für etwa 11.00 Uhr, und tatsächlich entdeckte das Radar der Lexington um diese Zeit einen näherkommenden fliegenden Verband in etwa 70 Meilen Entfernung.

Mitte:
Japanische Piloten vor einem Angriff.

Die Japaner erreichten ihr Ziel zu einem für die Amerikaner heiklen Zeitpunkt, da gerade einige Maschinen des Jägerbegleitschutzes zum Auftanken landen mußten und auch die wenigen noch in der Luft befindlichen US-Jagdflugzeuge zu wenig Sprit an Bord hatten, um die Angreifer abfangen zu können. Sobald sie die feindliche Angriffswelle entdeckten, erhöhten die amerikanischen Flugzeugträger ihre Geschwindigkeit, änderten ihren Kurs und starteten weitere Jagdflugzeuge mit diesmal genügend Treibstoff an Bord, um die japanischen Flugzeuge abfangen zu können.

So verzweifelt war in diesem Moment die Lage, daß – wie schon beim Angriff am Vortag – 23 Sturzkampfbomber als Abfangjäger eingesetzt werden mußten. Als die japanischen Torpedobomber sich schließlich über Backbord- und Steuerbordbug näherten, warfen sie ihre Torpedos aus etwa 1.200 m Entfernung und Höhen zwischen 15 und 60 m, wobei sie ihren Angriff mit dem der Sturzkampfbomber koordinierten.

Zur gleichen Zeit, da ein Teil der japanischen Flugzeuge die „Lexington“ angriff, lenkten andere ihre Aufmerksamkeit auf die „Yorktown“, die drei von Steuerbord anlaufenden Torpedos ausweichen konnte, dann aber von einer Bombe getroffen wurde, die vor ihrer Explosion vier Decks durchschlug. Der Bombentreffer verursachte personelle Ausfälle, aber keine größeren Sachschäden, sodaß der Flugbetrieb an Bord kaum behindert wurde.

Die Japaner griffen ausschließlich die Flugzeugträger an. Die Schiffe des Geleitschutzes brauchten daher nur den Schutz der Träger im Auge zu haben und keine Ausweichmanöver gegen Bomben- oder Torpedowürfe zu fahren.

Luftkämpfe entbrannten vor allem zwischen den japanischen Angreifern und den Abfangjägern des amerikanischne Luftverteidigungsschirms. Die Amerikaner verfügten zu ihrem Vorteil über Radargeräte, die es ihnen erlaubten,

Unten:
Die Enterprise in Fahrt.

ihre Abfangjäger auch ohne Sichtkontakt an den Feind heranzuführen, auch wenn sie dieses Potential nicht immer voll nutzen konnten, da die Radaroperatoren allzuviele und oft unklare Informationen erhielten.

Aufgrund des Ausgangs der Kämpfe vom 8. Mai 1942 erhielt die „Shokaku“ den Befehl, sich aus dem Kampfgebiet zurückzuziehen und die Karolinen anzulaufen. Dort sollte sie ihre Gefechtsschäden ausbessern, die sich doch als schwerwiegender erwiesen als zunächst gedacht.

Die starke Flakabwehr der Amerikaner.

Obwohl Takagi von Inouye nach Rabaul zurückbeordert worden war, wiederrief Yamamoto diese Anweisung und befahl stattdessen die Rückkehr nach Süden und die Suche nach dem Flottenverband, welcher die Meerenge von Jormad blockierte. Dies tat Takagi denn auch, obwohl sich die australischen Kreuzer mittlerweile nach Süden zurückgezogen

Das Ende der Lexington

Die „Lexington“ lief Ausweichmanöver, um den Lufttorpedos zu entgehen, was aber aufgrund der Art und Weise, wie diese abgeworfen worden waren, sich als extrem schwierig erwies. Zwei Torpedos trafen kurz nacheinander, und wenig später verursachten vier Bombentreffer die Explosion von Munitionsvorräten und den Tod zahlreicher Artilleristen. Die Nahtreffer zweier weiterer Fliegerbomben überschütteten die nächstgelegenen Flakstände mit einem Splitterhagel und verursachten noch mehr Verluste unter den Flakartilleristen.
Fast alle Treffer lagen an Backbord. Eine Bombe allerdings schlug in den Schornstein ein, und ein weiterer Bombentreffer hatte die Aufzüge blockiert – zum Glück in oberer Stellung, wodurch das Flugdeck benutzbar blieb und die spätere Landung der zurückkehrenden Bordflugzeuge erlaubte. Nach dem Angriff hatte die „Lexington“ leichte Schlagseite (etwa 5 Grad) nach Backbord und brannte an mehreren Stellen. Ihrer Besatzung gelang es jedoch, sowohl das Feuer als auch die Wassereinbrüche einzudämmen und die Schlagseite durch Umpumpen von Treibstoff in die Steuerbordbunker zu vermindern.
Trotz der Trefferschäden und der Brände an Bord konnten die vom Einsatz zurückkehrenden Flugzeuge noch auf der „Lexington“ landen. Doch um 12.30 Uhr kam es vermutlich durch Flugbenzindämpfe aus leckgeschlagenen Rohrleitungen und den Funkenschlag eines elektrischen Teiles zu einer ganzen Kette schwerer Explosionen, die das Schiff über seine ganze Länge erschütterten, die internen Verbindungen unterbrachen und neue Brände verursachten. Angesichts dieser Lage an Bord beschloß man soweit wie möglich alle Flugzeuge auf die „Yorktown“ zu verlegen. Dennoch setzte man die Brandbekämpfung fort, inzwischen unterstützt durch die Zerstörer „Phelps“ und „Morris“, die von ihren eigenen Pumpen beaufschlagte Löschwasserschläuche an Bord der „Lexington“ gaben, nachdem deren Pumpen durch Ausfall der Kraftversorgung nicht mehr liefen. Gegen Abend wurde deutlich, daß das Schiff nicht mehr zu retten war, und so traf sein Kommandant alle nötigen Vorkehrungen zum Verlassen des Schiffes.
Um 16.30 Uhr wurde der Befehl „Alle Mann von Bord!“ gegeben, Gegen 18.30 Uhr explodierten die an Bord gelagerten Lufttorpedos. Um acht Uhr abends gab der begleitende Zerstörer „Phelps“ dem waidwunden Flugzeugträger durch Torpedoschüsse den Gnadenstoß, und die „Lexington“ versank in den Fluten des Pazifiks.

Nach japanischen Bombentreffern geriet die „Yorktown“ in Brand, doch bekam die Besatzung das Feuer unter Kontrolle.

hatten. Andererseits griff am 10. Mai ein amerikanisches Unterseeboot die Wachgruppe des Wasserflugzeug-Stützpunktes Tulagi an, versenkte dabei den Minenleger „Okinoshima“ und offenbarte so die Anwesenheit alliierter U-Boote in diesem Seegebiet. Dies wie auch die Tatsache, daß bereits die Vorbereitungen für den japanischen Angriff auf Midway und die vor Alaska (!) gelegenen Aleuten-Inseln angelaufen waren, bewogen Admiral Yamamoto dazu, am 11. Mai den allgemeinen Rückzug zu befehlen und den Angriff gegen Port Moresby auf den 3. Juli zu verschieben, dann freilich nicht mehr als Landung von See her.

Als diese Schlacht zu Ende ging – die erste Seeschlacht ohne jeglichen Einsatz schwerer Schiffsartillerie – mußte die US Navy einen Zerstörer, einen Flottentanker, einen Flottenflugzeugträger (die „Lexington“) und 67 Flugzeuge als Totalverluste abschreiben; ein weiterer Flottenflugzeugträger (die „Yorktown“) war beschädigt und fast 550 Mann gefallen oder verwundet. Die japanische Kriegsmarine hatte einen leichten Flugzeugträger verloren, einer ihrer Flottenflugzeugträger war beschädigt, und bei den Kämpfen um Tulagi waren zwei Zerstörer und drei Hilfsschiffe versenkt worden; ihre personellen Verluste beliefen sich auf insgesamt etwas über 1.000 Mann.

Eine „Wildcat" auf dem Aufzug.

Obwohl in der breiten Öffentlichkeit die Schlacht um Midway einen höheren Bekanntheitsgrad erlangte, war es in Wirklichkeit die Schlacht im Korallenmeer, die dem japanischen Vordringen ein Ende setzte, die Invasionsgefahr von Australien abwandte und Port Moresby für die Alliierten sicherte. Zudem bestimmte der Ausgang der Schlacht im Korallenmeer die Zusammensetzung der Streitkräfte, die wenig später bei Midway kämpften. So konnte z.B. die beschädigte „Shokaku" nicht an den Kämpfen in den ersten Junitagen des Jahres 1942 teilnehmen, während die „Yorktown" trotz der erlittenen Schäden – wenn auch unter Schwierigkeiten – dort wieder zum Einsatz gelangte.

Die japanischen Marineflieger hatten eine nennenswerte Zahl gutausgebildeter und erfahrener Besatzungen verloren, vor allem da der japanische Flugzeugbau riskanterweise die Sicherheit der Flugzeugbesatzungen gänzlich dem Streben nach größtmöglicher Geschwindigkeit und Wendigkeit der Maschinen untergeordnet hatte. Auf der anderen Seite war der Untergang der „Lexington" für

Diese TBD „Devastator" auf dem Flugdeck der „Yorktown" hat ganz offensichtlich Probleme...

Japanischer Torpedobomber vom Typ „Kate". Der Dreisitzer konnte auch als Horizontalbomber eingesetzt werden.

die Amerikaner zwar ein schwerer Schlag, aber auch eine nützliche Lehre über die Gefahren des Flugbenzins an Bord eines Kriegsschiffes; dies gab den Anstoß für die künftige amerikanische Praxis, die Flugbenzinleitungen außer Gebrauch mit unbrennbarem Kohlendioxidgas zu fluten und zudem diesen besonders leichtflüchtigen und daher besonders brand- und explosionsgefährlichen Treibstoff sicherer zu bunkern.

Diese erste Seeschlacht, die ausschließlich durch die Marinefliegerei entschieden wurde, hatte gezeigt, daß man das Eintreffen der Torpedobomber am Ziel mit dem der Sturzkampfbomber und der Begleitjäger gut koordinieren mußte, um so die Abfangjäger und die Flakartillerie des Feindes zur Zersplitterung ihrer Kräfte zu zwingen.

Chuichi Nagumo

Nagumo, ursprünglich Torpedofachmann, hatte die Gelegenheit gehabt, Europa und die USA zu bereisen, bevor er das Kommando über japanische Großkampfschiffe übernahm. 1940 wurde er zum Direktor der Kriegsmarineschule ernannt. Er befehligte den Flottenverband, der Pearl Harbor angriff, und später unternahmen seine Flugzeugträger einen erfolgreichen Vorstoß in den Indischen Ozean.

Nach Midway wurde er von Yamamoto abgesetzt, der ihm die Hauptschuld an dieser Niederlage gab. 1944 erhielt er den Befehl zur Verteidigung von Saipan. Da er diese für unmöglich hielt, wählte er – mit 57 Jahren – den Freitod.

Die Schlacht von Midway

Das japanische Flaggschiff, das Schlachtschiff „Nagato".

Wenn sich auch die Schlacht im Korallenmeer auf lange Sicht für die US Navy als strategischer Sieg erwies, obwohl es eine taktische Niederlage gewesen war, so war die momentane Lage der Amerikaner doch sehr prekär: Die „Lexington" gesunken, die „Yorktown" schwer beschädigt, die „Saratoga" nach langwierigen Reparaturen und Nachrüstungen noch nicht wieder in Dienst gestellt... So waren für den Augenblick die einzig verfügbaren Flugzeugträger die „Enterprise" und – unter Vorbehalt – die „Yorktown".

Der US-Funknachrichtendienst CIU versorgte Admiral Nimitz schon seit geraumer Zeit mit Informationen über die Vorbereitungen der japanischen Kriegsmarine, und nach diesen Informationen würden sich die nächsten Bewegungen der Japaner nach Osten richten, offenbar zur Besetzung von Midway – der nördlichsten Insel der Hawaii-Kette – sowie der vor Alaska gelegenen Aleuten.

Admiral Nimitz entsandte den damaligen Kapitän zur See Lynde M. McCormick (der sein besonderes Vertrauen genoß und der eigentliche Planer seiner militärischen Unternehmungen war) zu einer Besprechung mit Rochefort, um aus erster Hand die Quellen zu prüfen, auf die sich besagte Lagebeurteilung stützte; denn Layton hatte ihm nie verheimlicht, daß die Schlußfolgerungen, zu denen man in Hawaii gekommen war, auf sehr bruchstückhaften Informationen beruhten.

Der Flugzeugträger „Kaga" 1928 in der Werft.

Chester Nimitz

Der deutschstämmige Nimitz trat 1905 in die US Navy ein, wo er sich auf U-Boote spezialisierte. Im Laufe seiner Karriere verlor er bei verschiedenen Unfällen den Großteil seines Hörvermögens und mehrere Finger. Nach Pearl Harbor übernahm er den Befehl über die Pazifikflotte und im März 1942 über den gesamten pazifischen Kriegsschauplatz (für alle Waffengattungen). Im Dezember 1944 wurde er zum Fleet Admiral befördert, dem höchsten Dienstgrad der US Navy. Im September 1945 unterzeichnete er im Namen der USA die Kapitulation Japans an Bord des Schlachtschiffes „Missouri". Nach dem Kriege überwachte er die Demobilisierung der US-Kriegsmarine. Er starb 1966 im Alter von 81 Jahren.

Layton und Rochefort waren ganz sicher, daß sich die japanischen Aktivitäten gegen Midway richteten, mußten aber eine Art Privatkrieg führen gegen die Ungläubigkeit ihrer Vorgesetzten in Washington, mit denen sie aus nicht nur rein fachlichen Gründen überkreuz lagen, besonders mit Admiral Richmond K. Turner, dem Adjutanten des Oberbefehlshabers der US-Flotte, Admiral King.

Es war ein Glück für die US-Pazifikflotte, daß – während sich der Disput zwischen den CIU-Stellen Washington und Hawaii entspann – am 25. Mai der aktuelle japanische Funkschlüssel geknackt wurde: So konnte Rochefort Admiral Nimitz nun den 4. Juni als konkreten Angriffstermin der Japaner nennen. Tags darauf, am 26. Mai, und ungeachtet der noch immer von einigen Angehörigen seines Stabes gehegten Zweifel, befahl Chester Nimitz die Insel zur Verteidigung vorzubereiten. Dabei positionierte er die ihm verbliebenen Flugzeugträger nordöstlich von Midway, von wo aus sie der anlaufenden Invasionsflotte den Weg verlegen konnten, ganz gleich welchen der von Rochefort und seinen Kryptographen für wahrscheinlich gehaltenen Kurse diese auch wählen sollten.

Die Trinkwasser-Entsalzungsanlage von Midway

Aus den Anstrengungen von Layton und Rochefort, ihre skeptischen Kollegen in der Hauptstadt zu überzeugen, erwuchs die Anekdote – denn nichts anderes war es – der Trinkwasser-Entsalzungsanlage von Midway.
Um es Allen klar zu machen, daß der von den Japanern mit dem Geheimkürzel „AF" bedachte Stützpunkt wirklich Midway war, gab man den Befehl, von dieser Insel einen unverschlüsselten Funkspruch abzusetzen, der von angeblichen Problemen mit der Trinkwasser-Entsalzungsanlage berichtete; dann wartete man auf eine japanische Funkmeldung mit dem sinngemäßen Inhalt „AF hat Probleme mit der Trinkwasser-Entsalzungsanlage".
Tatsächlich aber kannte man seit dem 4. März 1942 ganz genau die Bedeutung des Kürzels „AF" für die japanische Kriegsmarine, schon lange vor irgendwelchen Funksprüchen über irgendwelche Invasionsvorbereitungen. Zudem hatte das Team um Rochefort „AG" als Guam und „AH" als Oahu identifizieren können: Man verglich ganz einfach die japanischen Funksprüche, in denen diese „AG", „AH" oder „AF" vorkamen, mit den tatsächlichen Ereignissen in denjenigen Gebieten, die mögliche Kandidaten für die Zuordnung dieser Kürzel waren.
Doch diese ebenso einfachen wie logischen Überlegungen vermochten die Bürokraten in Washington nicht so recht zu überzeugen, obwohl sie über die gleichen Informationen verfügten wie ihre Kameraden auf Hawaii. Daher war die Episode um die Trinkwasser-Entsalzungsanlage auf Midway nicht so sehr ein Schlüsselereignis für die Identifizierung Midways als Hauptangriffsziel dieser starken japanischen Flottenkonzentration, sondern der letzte Strohhalm von Rochefort und Layton, um ihre Vorgesetzten in Washington von etwas zu überzeugen, was ihnen selbst sonnenklar war.
Unter den Ungläubigen war auch Konteradmiral Theobald, Kommdaneur der TF-8, der Einsatzgruppe, welche die Aleuten verteidigen sollte. So groß war seine Skepsis, daß er bei den Gefechtsvorbereitungen alle Daten und Uhrzeiten mißachtete, welche ihm Rochefort und sogar Admiral King persönlich zukommen ließen – bis zum 2. Juni 1942 wollte er einfach nicht glauben, daß das Angriffsziel Midway sei.

Und so erhielten am 27. Mai alle Flugzeugträger den Befehl, sich in Pearl Harbor zu sammeln. Wobei „alle“ relativ ist: Zu diesem Zeitpunkt waren nur zwei US-Träger einsatzbereit, und auf einem der beiden waren die Flugzeugbesatzungen noch zu unerfahren für die Auseinandersetzung mit den kampferprobten Männern Nagumo's, der über fünf uneingeschränkt einsatzbereite Flugzeugträger verfügte.

Sturzkampfbomber des Typs „Dauntless“ im Anflug auf ihr Ziel.

Mangels Flugzeugträgern zogen die Amerikaner alle schnellen Schlachtschiffe zusammen, die bisher an der sicheren Ostküste Zuflucht gesucht hatten. Währenddessen war die Anzahl der schnellen Schlachtschiffe, über die Yamamoto verfügte, auf elf angestiegen, nicht zuletzt durch den Zulauf des größten, mächtigsten und modernsten aller Schlachtschiffe, der riesigen Yamato. Das bedeutete, daß Nimitz nichts blieb als seine Marinefliegerei, und selbst die litt unter etlichen Schwächen: Unerfahrene Piloten, Jagdflugzeuge mit geringerer Kampfkraft als ihre japanischen Gegenstücke und veraltete Torpedobomber, die sich außer mit dem Feind auch noch mit den trostlos unzuverlässigenen Mk.XIII-Torpedos herumschlagen mußten...

Auf der anderen Seite bereitete sich die Nihon Kaigun – die Kaiserlich Japanische Kriegsmarine – auf ihren bis dahin größten und schwierigsten Einsatz vor. Bis auf seinen außergewöhnlichen Umfang war das Unternehmen ansonsten typisch für die Planungen der japanischen Marine während des II. Weltkrieges: Die Gesamtstreitmacht setzte sich zusammen aus zahlreichen, untereinander nur locker verbundenen Kampfgruppen, aufgeteilt in eine Landungsgruppe

Landungen auf der „Yorktown“.

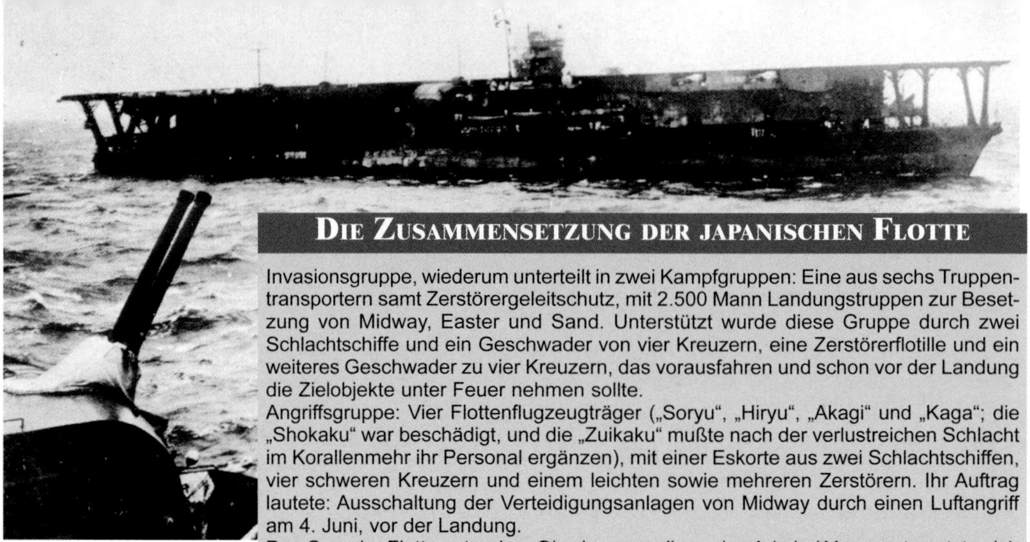

Die Zusammensetzung der japanischen Flotte

Invasionsgruppe, wiederum unterteilt in zwei Kampfgruppen: Eine aus sechs Truppentransportern samt Zerstörergeleitschutz, mit 2.500 Mann Landungstruppen zur Besetzung von Midway, Easter und Sand. Unterstützt wurde diese Gruppe durch zwei Schlachtschiffe und ein Geschwader von vier Kreuzern, eine Zerstörerflotille und ein weiteres Geschwader zu vier Kreuzern, das vorausfahren und schon vor der Landung die Zielobjekte unter Feuer nehmen sollte.
Angriffsgruppe: Vier Flottenflugzeugträger („Soryu“, „Hiryu“, „Akagi“ und „Kaga“; die „Shokaku“ war beschädigt, und die „Zuikaku“ mußte nach der verlustreichen Schlacht im Korallenmehr ihr Personal ergänzen), mit einer Eskorte aus zwei Schlachtschiffen, vier schweren Kreuzern und einem leichten sowie mehreren Zerstörern. Ihr Auftrag lautete: Ausschaltung der Verteidigungsanlagen von Midway durch einen Luftangriff am 4. Juni, vor der Landung.
Das Gros der Flotte unter dem Oberkommandierenden Admiral Yamamoto setzte sich zusammen aus sieben Schlachtschiffen, zwei schweren Kreuzern, einem leichten Kreuzer, dem leichten Flugzeugträger „Zuiho“ und zwei Versorgungsgruppen. Diese Schiffe blieben im Hintergrund, auf einer Position, aus der heraus sie die amerikanische Flotte angreifen könnten, falls diese auslaufen sollte.
Nicht in dieser Aufstellung inbegriffen sind diejenigen Einheiten, die zum Ablenkungsangriff auf die Aleuten nach Norden entsandt wurden.

und eine Angriffsgruppe, letztere mit den jeweils verfügbaren Flugzeugträgern.

Die Besetzung der Aleuten-Inseln Attu und Kiska sowie der Angriff auf Dutch Harbor waren Teil des Planes zum Vorschieben des japanischen Verteidigungsgürtels und zugleich ein Ablenkungsmanöver: Man wollte die Aufmerksamkeit der Amerikaner vom Hauptziel weglenken und ihre Flotte in eine Falle zu locken, um sie dann in einer einzigen großen Seeschlacht zu vernichten.

Für den 3. Juni 1942 war ein Luftangriff der leichten Flugzeugträger „Ryujo“ und „Junyo“ gegen die Aleuten-Inseln angesetzt. Die „Junyo“, ein umgebautes ehemaliges Passagierschiff mit 27.000 t Wasserverdrängung und erst kurz zuvor in Dienst gestellt, konnte immerhin 48 Flugzeuge an Bord nehmen.

Angesichts der Möglichkeit, daß die Amerikaner bei einem japanischen Angriff auf die Aleuten einen Teil ihrer Schlachtflotte dorthin entsenden könnten, trennte sich eine Kampfgruppe mit vier von Yamamoto's Schlachtschiffen vom Gros der Flotte und ging nordwestlich von dieser in Position, um so näher bei den Aleuten zu bleiben und die eventuell anlaufenden Amerikaner abfangen zu können.

Um das Auslaufen der etwa angreifenden Amerikaner aus Pearl Harbor rechtzeitig zu bemerken, beschloß Yamamoto, vom 3. – 7. Juni

Der japanische schwere Kreuzer „Mogami“.

Japanischer Flugzeugträger aus dem Blickwinkel eines der Sturzkampfbomber.

eine U-Bootgruppe eigens nur zur Aufklärung nordöstlich von Midway einzusetzen.

Wie schon gesagt, kannte Admiral Nimitz einen wesentlichen Teil dieses Planes dank der erfolgreichen Funkaufklärungsmannschaft auf Hawaii. Für Nimitz stand fest, daß Yamamoto in erster Linie die offensichtlich schwächere Pazifikflotte der Amerikaner zur einer Entscheidungsschlacht verleiten wollte, die unweigerlich ihren Untergang bedeuten würde. Als Gegenstrategie mußte Nimitz jede Gelegenheit zu Einzelangriffen nutzen, und Yamamoto kam ihm dabei durch die Verzettelung der – insgesamt überlegenen – japanischen Kräfte entgegen.

Am 26. Mai lief die TF-16 in Pearl Harbor ein (Flugzeugträger „Enterprise“ und „Hornet“ samt Kreuzer- und Zerstörer-Eskorte). Ihr Kommandeur, Vizeadmiral William F. Halsey, galt als Spezialist für die Marinefliegerei; aufgrund eines ungewöhnlich schweren Hautausschlages mußte er jedoch ins Lazarett eingeliefert werden und Nimitz eiligst einen Ersatzmann finden. Halsey selbst empfahl Konteradmiral Raymond Ames Spruance als neuen Kommandeur für die TF-16. Spruance war allerdings kein Flieger und verfügte über keinerlei Erfahrungen mit Flugzeugträgern, die er bisher nur von Bord der von ihm befehligten Begleitkreuzer aus zu Gesicht bekommen hatte. So lief die TF-16 unter einem Neuling aus, der vom Kreuzer „Northampton“ zur „Enterprise“ kam, und ging im NO von Midway in Warteposition.

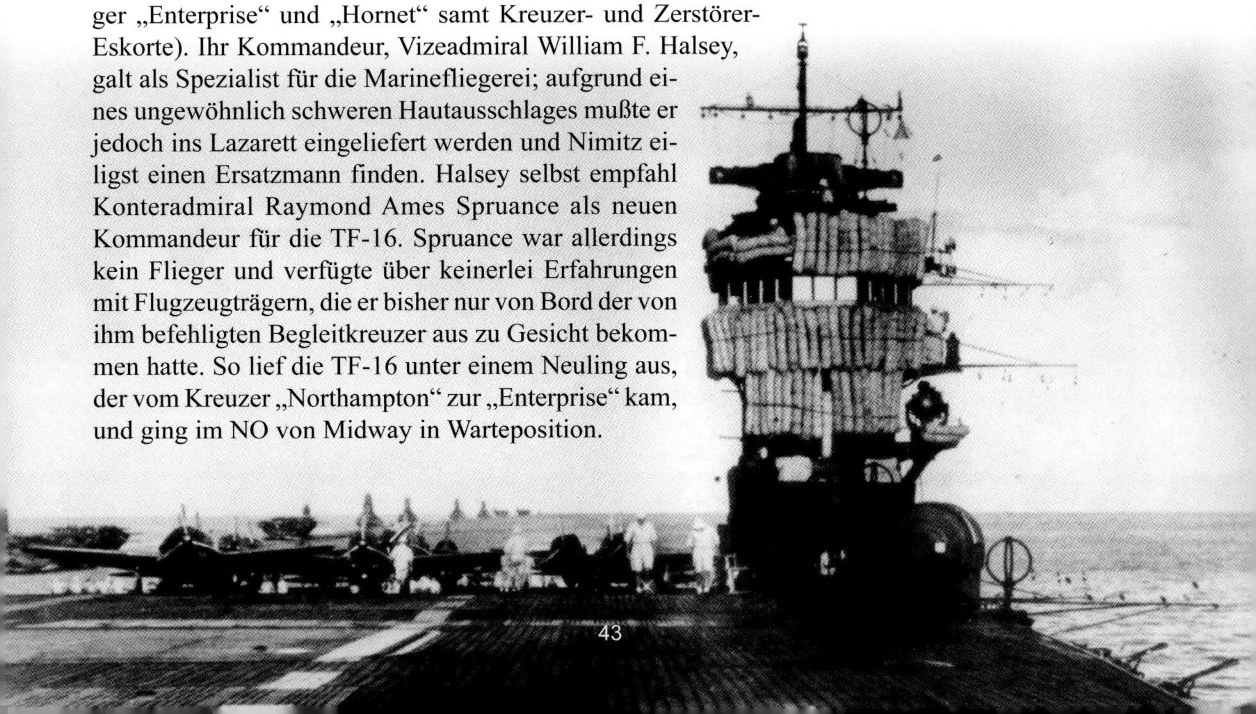

Das Flugdeck der „Akagi“.

Genau wie bei den Amerikanern übernahmen auch die japanischen schweren Kreuzer die Nahsicherung der Flugzeugträger.

Die „Yorktown" war am 27. Mai in Pearl Harbor eingelaufen, um die im Korallenmeer erlittenen Bombenschäden ausbessern zu lassen; den Zeitbedarf für diese Reparaturen schätzte man auf mehrere Wochen. Doch alle verfügbaren Ingenieure und Facharbeiter stürzten sich sofort mit einem solchen Eifer an die Arbeit, daß der Flugzeugträger schon nach drei Tagen (!) wieder einsatzbereit war.

Nach pausenloser Arbeit seit dem Moment des Anlegens war die „Yorktown" am 30. Mai wieder gefechtsklar; dabei hatte man viel improvisiert und z.B. dort, wo die Zeit nicht zum Einschweißen von Stahlplatten ausgereicht hatte, stattdessen Holzbohlen eingezogen. Die „Yorktown" wurde das Flaggschiff von Admiral Fletcher und der harte Kern der TF-17. Bereits auf hoher See nahm sie neue Flugzeuge und Besatzungen an Bord, die aus den Staffeln der beschädigten „Saratoga" stammten; so stieg ihr Flugzeugbestand auf insgesamt 73 einsatzfähige Maschinen.

Die Amerikaner hatten aus der Schlacht im Korallenmeer gelernt. Zu den Änderungen gehörte die zahlenmäßige Verstärkung der Jagdflugzeuge auf Kosten der übrigen Bordflugzeugtypen – nunmehr 25 auf der „Yorktown", 27 auf der „Hornet" und ebenso viele auf der „Enterprise".

Mitte:
SBD „Dauntless" auf dem Flugdeck der „Yorktown".

Unten:
Japanischer „Zero"-Jäger im Fluge.

Ray Spruance

Der Veteran des spanisch-amerikanischen Krieges von 1898, den er an Bord der „Iowa“ mitgemacht hatte, befehligte nacheinander mehrere große Kriegsschiffe und ein Kreuzergeschwader, wobei er kühles Blut und fachliches Können bewies. Halsey als Kommandeur der TF-16, bei der Schlacht von Midway aus gesundheitlichen Gründen verhindert, empfahl ihn Nimitz als seinen Stellvertreter, trotz Spruance's mangelnder Erfahrung mit Flugzeugträgern.
Später war Spruance Stabschef der Pazifikflotte und danach ihr stellvertretender Kommandeur. 1944 übernahm er den Befehl über die neuaufgestellte 5. US-Flotte und beendete den Krieg als Oberbefehlshaber des pazifischen Kriegsschauplatzes, in der Nachfolge Nimitz'. Bei seinen Offizierskameraden und Untergebenen beliebt, hatte er einen geschworenen politischen Feind in Senator Carl Vinson. Nach dem Krieg war er US-Botschafter auf den Philippinen. Er verstarb 1969.

Zum Glück für die Amerikaner wurden sie beim Auslaufen aus Pearl Harbor von keinem der U-Boote in Yamamoto's Vorpostenkette entdeckt; dieser erfuhr erst tags darauf von der Anwesenheit der US-Flugzeugträger in diesem Seegebiet. So konnten sich am 2. Juni die beiden amerikanischen Flottenverbände unentdeckt unter Konteradmiral Fletcher vereinigen.

Da nun das japanische Marine-Oberkommando nichts von der Anwesenheit amerikanischer Flugzeugträger nordöstlich von Midway wußte, hatte es seit dem 26. Mai seine verschiedenen Kampfgruppen getrennt voneinander zu den geplanten Positionen vorgeschoben und sich dabei auf die vermeintlich lückenlose Geheimhaltung dieser Flottenbewegungen verlassen.

Die PBY „Catalina“ und die B-17 „Flying Fortresses“ flogen regelmäßige Fernaufklärung auf Entfernungen von bis zu 1.300 km in einem Bogen, der sich – von Midway aus gesehen – von Westen bis Norden erstreckte. Eine der „Catalinas“ sichtete als erste den Feind, als sie in den frühen Morgenstunden des 3. Juni dessen Landungsgruppe etwa 1.000 km weiter westlich entdeckte, wenn sie auch noch keine näheren Angaben zur Zusammensetzung des Schiffsverbandes machen konnte.

Als noch am Nachmittag des gleichen Tages die Bomber angriffen, taten sie das aus großer Flughöhe; und obwohl sie mehrere Treffer auf Schiffsziele meldeten – darunter die Inbrandsetzung eines Schlachtschiffes oder Kreuzers und eines Transportschiffes sowie die Beschädigung eines weiteren Kreuzers -, so lagen die Bomben in Wahrheit doch viel zu weit ab von den feindlichen Schiffen. Später, es war bereits Nacht, griffen die „Catalinas“ mit Torpedos an; drei

Unten:
Torpedobomber des Typs TBD „Devastator“ im Formationsflug.

Flugboot vom Typ PBY „Catalina“ bei einem Fernaufklärungsflug.

Die Fliegerei bei Midway

Auf Midway hatten die Amerikaner eine beachtliche Luftstreitmacht zusammengezogen: 17 schwere Bomber Boeing B-17 „Flying Fortress“, 4 zu Torpedobombern umgebaute mittlere Bomber B-26 „Marauder“, alle zum USAAC gehörig; dazu 27 Jagdflugzeuge (meist vom veralteten Typ Brewster „Buffalo“), 18 Stukas SBD „Dauntless“ und 12 veraltete Stukas Vought SB2U „Vindicator“ des USMC; schließlich 6 nagelneue Torpedobomber Grumman TBF „Avenger“ der VT-8 von der USS „Hornet“, die auf die Insel detachiert waren – sie sollten die veralteten und langsamen „Devastator“ ersetzen und gelangten bei Midway erstmals zum Kampfeinsatz.
Die Piloten auf Midway waren meist unerfahren, vor allem ohne jede Kampferfahrung. Darüber hinaus lag auf Midway noch eine Staffel Aufklärungsflugboote vom Typ PBY „Catalina“, die bedarfsweise auch mit Bomben, Torpedos oder Wasserbomben bewaffnet werden konnten.

von ihnen konnten das Ziel ausmachen und erzielten auch einen Treffer, der jedoch nur geringen Schaden anrichtete.

Startvorbereitungen an einer „Dauntless“.

Im Norden lief alles reibungslos nach Yamamoto’s Plan. Am 3. Juni starteten bei den Aleuten von den Flugzeugträgern „Ryujo“ und „Junyo“ aus zwei Bomberwellen und griffen Dutch Harbor an. Doch das Täuschungsmanöver verfing nicht: Nimitz ließ sich keineswegs vom Hauptschauplatz ablenken und widerstand der Versuchung, seine Schlachtschiffe ihren vier als Köder dienenden japanischen Gegenstücken entgegenzusenden. Die Verteidigung der Aleuten oblag daher den Kreuzern der TF-8 unter Konteradmiral Theobald, der sich ohne jede Verstärkung durch Schlachtschiffe behelfen mußte. Diejenigen Schlachtschiffe, die Nimitz noch zur Verfügung standen, blieben im sicheren San Diego.

Auch in Bezug auf Midway selbst lief für Yamamoto zunächst alles nach Plan, als Nagumo im Morgengrauen des 4. Juni seine Flugzeuge von einer Position rund 400 km nordöstlich von Midway starten ließ. Zu seinem Glück hatten seine Flugzeugträger während des Anmarsches bis zum 3. Juni unter einer dichten Wolkendecke verborgen gelegen und waren noch nicht vom Feind gesichtet worden, als 36 Torpedobomber B5N „Kate“ der „Hiryu“ und der „Soryu“ sowie 36 Sturzkampfbomber D3A „Val“ der „Akagi“ und der „Kaga“ unter dem Begleitschutz von je 9 A6M „Zero“ pro Formation starteten und unter dem Befehl von Joichi Tomonaga Kurs auf die Insel nahmen.

Bomben auf die Insel Midway.

Eines der PBY5 „Catalina“-Flugboote entdeckte auf seinem täglichen Aufklärungsflug bei Morgengrauen die japanischen Flugzeuge etwa eine Flugstunde vor Midway; es meldete seine Beobachtung und daß der Feindverband auf die Insel zuhalte.

Um 05.50 Uhr wurden die Flugzeugträger von einem weiteren Aufklärungsflugzeug gesichtet, und wenige Minuten nach dieser Meldung waren bereits alle auf Midway stationierten einsatztauglichen Flugzeuge in der Luft. Die Sturzkampf- und die Torpedobomber machten sich auf die Suche nach den feindlichen Schiffen, während die Jagdflugzeuge bis auf 5.000 m stiegen, um einen Höhenvorteil zu gewinnen: Wie man aus schmerzlichen Erfahrungen gelernt hatte, eine sehr notwendige Maßnahme angesichts der technischen Unterlegenheit der US-Jäger im Vergleich zu ihren japanischen Gegenspielern.

Bei den nun folgenden Luftkämpfen wurden die auf Midway stationierten US-Flugzeuge praktisch vom Himmel gefegt, ohne etwas Nennenswertes erreicht zu haben.

Gemäß der Einsatzdoktrin der japanischen Kriegsmarine für ihre Flugzeugträger hatte Nagumo die Hälfte seiner Angriffsverbände an Bord in Reserve gehalten, bestückt mit Torpedos und panzerbrechenden Bomben, um einer etwaigen Bedrohung durch feindliche Schiffe begegnen zu können.

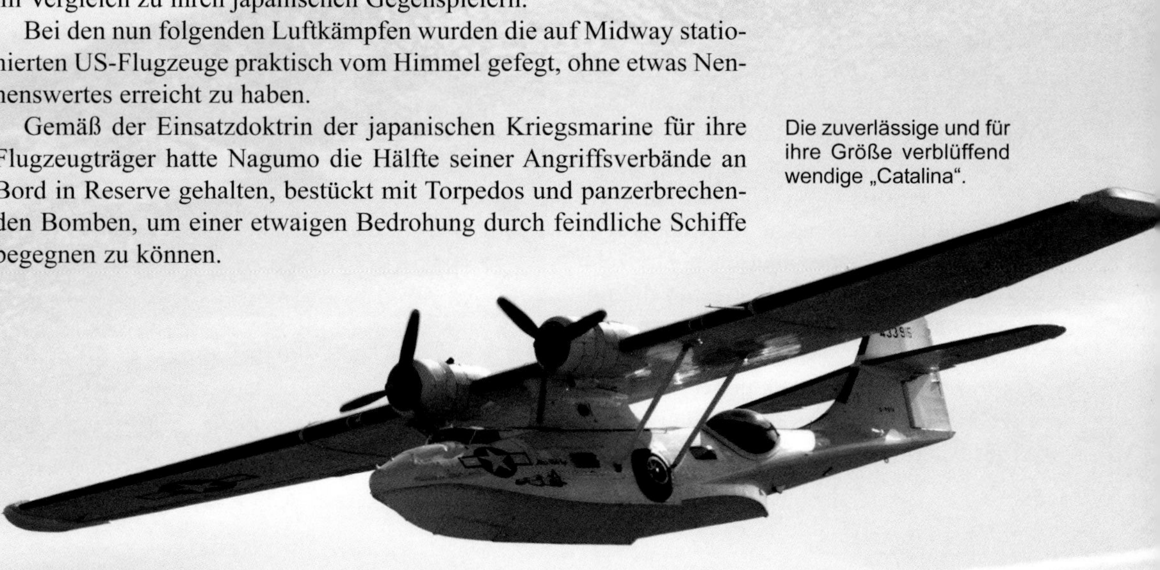

Die zuverlässige und für ihre Größe verblüffend wendige „Catalina“.

Erste Luftkämpfe über Midway

27 sm (50 km) vor Midway sichteten die US-Jagdflugzeuge – 18 Buffalo und 7 Wildcat – die japanischen Bomber und setzten zum Angriff auf sie an. Doch während des Sinkfluges auf Angriffshöhe wurden sie von den Mitsubishi A6M Zero angegriffen, die als Begleitschutz in größerer Höhe flogen. Da die japanischen Jäger weit schneller und wendiger waren als ihre Gegner und ihre Piloten weit erfahrener, wurden alle Buffalo abgeschossen oder irreparabel beschädigt sowie zwei Wildcat abgeschossen und zwei weitere getroffen. Die japanischen Verluste beschränkten sich auf vier Bomber und drei Jäger; einer dieser Abschüsse ging zudem auf das Konto der amerikanischen Flak auf Midway.

Als die Angriffswelle der Japaner auf ihre Flugzeugträger zurückkehrte, waren die Einrichtungen auf Midway bereits schwer beschädigt. Indessen hatten die japanischen Flugzeugträger erfolgreich allen Angriffen der US-Torpedobomber des USAAC und des USMC ausweichen können, den alten Vindicator-Stukas der Marines ebenso wie den von Midway gestarteten B-17 der Heeresluftwaffe. Die vier B-26 und die sechs Avenger griffen gleichzeitig an, trafen aber nicht; hingegen verloren die Angreifer zwei B-26 und fünf Avenger, die den Zeros des Luftschirmes der japanischen Flugzeugträger zum Opfer fielen. Nicht anders erging es vielen Dauntless und Vindicator, die ebenfalls erfolglos blieben. Auch die Hochangriffe der „Fliegenden Festungen" vom Typ B-17 erwiesen sich als wirklungslos gegen die japanischen Schiffe. Um 08.30 Uhr war die offensive Luftstreitmacht der Amerikaner auf Midway aufgerieben, ohne etwas Nennenswertes erreicht zu haben.

Gegen die Gefahr eines Überraschungsangriffes durch die feindliche Flotte hatte Nagumo die Vorsichtsmaßnahme ergriffen, in östlicher Richtung Luftaufklärung zu betreiben, durchgeführt von Wasserflugzeugen, die im Morgengrauen von den Kreuzern in die Luft katapultiert wurden; eines der Aufklärungsflugzeuge, auf dem Kreuzer „Tone", konnte wegen einer Panne erst mit Verspätung starten.

Dies war die Lage, als um 07.00 Uhr Tomanaga bei Durchsicht der Einsatzberichte des ersten Angriffs zu dem Schluß gelangte, daß ein zweiter Angriff nötig wäre, da die militärischen Einrichtungen auf Midway noch immer imstande wären, aus Hawaii ankommende Flugzeuge zu versorgen.

Um 07.15 Uhr und nach einigen Zweifeln befahl der Admiral die auf den Flugdecks der „Akagi" und der „Kaga" in Bereitschaft stehenden Torpedobomber erneut abwärts in die Hangare, um ihre bereits untergehängten Torpedos gegen Sprengbomben auszutauschen. Dreizehn Minuten später erhielt Nagumo die unangenehme Meldung des mit Verspätung von der „Tone" gestarteten Aufklärungsflugzeuges, daß ein Flottenverband von zehn Schiffen rund 300 Meilen östlich gesichtet worden sei.

Unten: Japanischer Stuka Aichi D3A „Val".

Japanischer Jäger vom Typ A6M „Zero".

Fünfzehn Minuten lang wurde Nagumo von Zweifeln geplagt, verstärkt durch die Tatsache, daß die Aufklärerbesatzung keine genaue Zusammensetzung des Schiffsverbandes durchgegeben hatte. Schließlich traf er einen Kompromiß: Die feindlichen Schiffe sollten nur von den Flugzeugen angegriffen werden, deren Torpedos noch nicht gegen Bomben ausgetauscht waren. Zugleich wurden vom Bordflugzeug der „Tone" nähere Einzelheiten angefordert, doch anscheinend hatte die Flugzeugbesatzung Probleme mit ihrem Funkgerät und antwortete nicht, obwohl die Anforderung per Funk nach 10 Minuten nochmals wiederholt wurde.

Man wird wohl nie erfahren, ob Nagumo diesen zweiten Angriff angesetzt hätte, wenn ihm die Anwesenheit der feindlichen Flugzeugträger bekannt gewesen wäre. Eine halbe Stunde lang sahen sich seine Flugzeugträger zu heftigen Ausweichmanövern gezwungen, um den Bombenangriffen der Flugzeuge von Midway ebenso zu entgehen wie dem Angriff des US-Unterseebootes „Nautilus". Diese Ausweichmanöver hinderten die japanischen Flugzeugträger an der Drehung in den Wind, was die Anzahl möglicher Starts stark einschränkte. Als einzige Flugzeuge starten konnten die an Oberdeck als Begleitschutz bereitstehenden „Zero"-Jäger, die sich nun in den Kampf stürzen mußten, der über ihren Köpfen entbrannt war.

Wenn der Admiral in diesem Augenblick seine Stukas und Torpedobomber gegen die feindliche Flotte einsetzen wollte, so mußte dieser Einsatz ohne Jägerbegleitschutz erfolgen. Nagumo mochte sich nicht zu diesem Schritt entschließen, obwohl die Aufklärerbesatzung von der „Tone" um 08.20 Uhr durchgegeben hatte, daß der Feindverband offenbar von nur einem einzigen Flugzeugträger begleitet wurde, und obwohl ein anderer Funkspruch, um 08.30 Uhr von Konteradmiral Yamaguchi abgesetzt, um die Genehmigung zu diesem Einsatz ersuchte.

Auf dem Flugdeck wird eine „Dauntless" manuell bewegt.

TBD „Devastator“ bereit zum Start.

So standen die Dinge, als die erste Angriffswelle vom Flug gegen Midway zurückkehrte. Einige der zurückkehrenden Maschinen waren beschädigt und alle zu knapp an Sprit, um sie noch länger warten zu lassen. Daher ließ sie Nagumo unverzüglich landen und gab hierzu den Befehl, die Flugdecks freizumachen und für den Augenblick alle Angriffsvorbereitungen abzublasen.

Während der nächsten 45 Minuten waren die Flugdecks der japanischen Flugzeugträger Schauplätze hektischer Betriebsamkeit. Die Flugzeuge landeten kurz nacheinander und wurden vom Bordpersonal sofort beiseite geschafft, um erneut aufgetankt und aufmunitioniert zu werden. Unten, im Hangardeck, holte man die Torpedos aus den Magazinen, um die „Kate“-Torpedobomber neu zu bestücken, die noch immer ihre Sprengbomben trugen. Auf der „Kaga“ und der „Akagi“ stapelte man in der Eile die den Torpedobombern abgenommenen Bomben an x-beliebiger Stelle in der Absicht, sie nach dem Umrüsten wieder in die Magazine zu schaffen. Mit diesem riskanten Vorgehen forderte man das Schicksal heraus, wie sich bald zeigen sollte...

Die Amerikaner, auf einer Position 200 sm nordwestlich von Midway stehend, hatten an diesem 4. Juni bereits ihre morgendliche Frühpatrouille auf den Weg geschickt, bestehend aus 10 Aufklärungsflugzeugen der „Yorktown“ auf Nordkurs. Eine Stunde später meldeten sie an Fletcher die Sichtung der feindlichen Maschinen im Anflug auf Midway, was bedeutete, daß das erwartete Ziel nun vor ihnen lag.

Die „Wildcat“ versuchten die angreifenden US-Bomber gegen den Luftschirm der „Zeros“ zu decken.

Fletcher meldete dies unverzüglich an die TF-16 unter Spruance weiter („Enterprise“ und „Hornet“), die auf Südwestkurs gehen und bei Sichtkontakt die feindlichen Flugzeugträger angreifen sollte. Er selbst mußte auf die Rückkehr der 10 Flugzeuge zur „Yorktown“ warten, um nach deren Landung selbst den Kurs zu ändern und sich dem Angriff anzuschließen. Als die TF-16 die befohlene Kursänderung durchgeführt hatte, gingen die Flugzeugträger auf 25 kn Fahrt und bereiteten den Start ihrer Flugzeuge vor. Spruance beschloß, all seine Flugzeuge gegen den Feind einzusetzen. Doch der Massenstart und das Sammeln der einmal in der Luft befindlichen zahlreichen Maschinen zur Angriffsformation war alles andere als einfach und dauerte fast 45 Minuten.

Die erste Angriffswelle bildeten 33 Sturzkampfbomber der „Enterprise“ unter Korvettenkapitän Clarence W. McClusky und 35 der „Hornet“ unter Fregattenkapitän Stanhope C. Ring. Während die übrigen Flugzeuge an Deck zum Start bereit gemacht wurden, gewannen die ersten bereits Höhe und kreisten um den Schiffsverband. In diesem Augenblick wurden sie von einem Wasserflugzeug der „Tone“ entdeckt. Die Amerikaner schlossen daraus, daß den Japanern ihre Position bekannt sei. Darum erging an die Stukas der „Enterprise“ der Befehl, unverzüglich anzugreifen und weder auf die Torpedobomber noch auf die Begleitjäger zu warten. In der Annahme, daß Nagumo wie gemeldet seinen Südwestkurs fortsetzte, gingen die US-Flugzeuge auf einen Abfangkurs unter Berücksichtigung der geschätzten Position des Gegners. Der japanische Admiral hatte jedoch inzwischen seinen Kurs Richtung Nordost geändert, sodaß die Bomber von McClusky und die Jäger der „Hornet“ unter S.C. Ring viel zu weit südlich gerieten.

Als die Zeit verstrich und der Gegner an seiner mutmaßlichen Position nicht aufzufinden war, ging S.C. Ring mit allen Bombern der „Hornet“ samt den Jägern auf Südkurs. Aber auch dort fanden sie zunächst nichts, und wenn den Jagdflugzeugen der Sprit ausging, mußten sie notwassern. McClusky, dessen Maschinen eine größere Reichweite hatten, ging auf Nordwestkurs... und stieß direkt auf die Flugzeugträger Nagumo's.

Oben & unten:
Auf dem Flugdeck der „Yorktown“.

Inzwischen waren auch die Torpedostaffeln der „Enterprise“ und der „Hornet“ gestartet und hatten sich auf die Suche nach dem Feind gemacht. Korvettenkapitän John C. Waldron führte einen Verband von 15 Torpedobombern TBD „Devastator“ von der „Hornet“. Waldron beschloß die mutmaßliche Position des Gegners anzufliegen in der Annahme, so die Angriffsdistanz verkürzen zu können.

Drei Fotos von unterschiedlichen Phasen beim Flug einer „Dauntless“. Oben: Im Fluge mit untergehängter 250-kg-Bombe. Mitte: Deckslandung auf dem Flugzeugträger. Unten: Kurz vor dem Start.

Korvettenkapitän Lindsey, der eine Torpedostaffel mit 14 TBD1 „Devastator“ der „Enterprise“ befehligte, fällte die gleiche Entscheidung, obwohl in sein Kurs ein klein wenig weiter südlich führte als Waldron. Über beiden – tief fliegenden – Staffeln flogen in großer Höhe zehn „Wildcat“ der „Enterprise“ als Begleitschutz für Lindseys Staffel, der jedoch vereinbart hatte, daß sie auf seine Aufforderung heruntergehen sollten, sobald der eigentliche Angriff begann.

Um 09.20 Uhr sichtete Waldron sein Ziel. Er war in diesem Augenblick ohne Jägerbegleitschutz und ohne die Unterstützung der Stukas, setzte aber dessen ungeachtet zum Angriff an. Einige Seemeilen weiter südlich sichtete auch Lindey fast zur gleichen Zeit die Flugzeugträger von Nagumo und fällte die gleiche Entscheidung. Man weiß nicht, warum er von seiner bereits vorangekündigten Hilfsanforderung an die Begleitjäger keinen Gebrauch machte, um seine Flugzeuge vor den japanischen Abfangjägern zu schützen. So griffen beide Torpedostaffeln gleichzeitig ohne Begleitschutz und ohne jede Unterstützung die feindlichen Schiffe an.

Inzwischen waren auf den japanischen Flugzeugträgern gerade die letzten von Midway zurückkehrenden Flugzeuge gelandet, und befehlsgemäß gingen die Schiffen gemeinsam auf Nordostkurs, um die

Entfernung zum Gegner zu verkürzen. Die Flugzeuge bereiteten sich für die nächste Angriffswelle gegen die Amerikaner vor. Als erste starteten die Begleitjäger vom Typ Mitsubishi A6M Zero.

Wenig später, etwa gegen 09.20 Uhr, meldeten die auf Vorposten liegenden Schiffe die Annäherung einer feindlichen Angriffswelle. Sofort starteten von jedem Flugzeugträger zwölf Jagdflugzeuge und wandten sich gegen die Formation der 15 „Devastator" von Waldron. Diese langsamen und fast wehrlosen Maschinen wurden allesamt abgeschossen, ohne daß die Mehrzahl von ihnen auch nur eine Chance gehabt hätte, ihren Torpedo abzuwerfen.

Japanische Piloten. Die japanischen Marineflieger zählten zu den bestausgebildeten der Welt.

Doch den japanischen Piloten blieb keine Zeit zum Jubeln: Erst mußten sie noch die 14 „Devastator" von Lindsay abfangen, die sich aus verschiedenen Richtungen im Tiefstflug ihrem Ziel näherten. Die „Zeros" konnten rechtzeitig 10 der Angreifer abschießen; die übrigen vier entledigten sich ihrer Torpedos im Notwurf, um sich nach einer scharfen Kurve schnellstmöglich vor den japanischen Jagdflugzeugen in Sicherheit zu bringen. Kein einziger amerikanischer Torpedo traf sein Ziel.

Nach dem gescheiterten Torpedoangriff der Amerikaner verging eine halbe Stunde ohne die Sichtung feindlicher Flugzeuge. Die Japaner nutzten die Atempause zur Einholung ihrer Jagdflugzeuge, die inzwischen knapp an Treibstoff und Munition waren, um sie in Erwartung weiterer Angriffe schnellstmöglich wieder in die Luft zu bringen.

Sofort nach der Landung der zurückkehrenden Aufklärungsflugzeuge auf der „Yorktown" starteten um 08.20 Uhr 10 „Devastator"-Torpedobomber unter Korvettenkapitän Laurence E. Massey mit einem Begleitschutz von 6 „Wildcat"-Jägern und 17 Sturzkampfbombern SBD „Dauntless" unter Korvettenkapitän Leslie. Masseys Staffel sollte als erste angreifen.

Sturzkampfbomber vom Typ Aichi „Val". Trotz seines altbackenen Aussehens (starres Fahrwerk) erwies sich das Muster als sehr leistungsfähig und war bei seinen Besatzungen beliebt.

Die „Wildcat" waren den „Zeros" an Geschwindigkeit und Wendigkeit klar unterlegen; ihre einzige Chance lag darin, stets paarweise zu fliegen und einen Höhenvorteil zu nutzen, um sich im Bahnneigungsflug auf den Gegner zu stürzen, zu schießen und gleich wieder hochzuziehen, ohne sich je in einen Kurvenkampf auf kurze Distanz einzulassen, in welchem die japanischen Jäger unweigerlich die Oberhand gewonnen hätten. Diese Luftkampftaktik wurde erst allgemein üblich, nachdem die Alliierten während der ersten sechs

Eine SBD „Dauntless“ wird auf dem Flugdeck der „Hornet“ in Position gebracht.

Kriegsmonate im Pazifik zahlreiche Flugzeuge verloren hatten: Aus Schaden wird man klug...

Trotz aller Bemühungen ihrer Begleitjäger wurden Masseys Torpedobomber einer nach dem anderen abgeschossen; nur ein einziger Torpedo konnte überhaupt abgeworfen werden... und verfehlte sein Ziel.

Trotz der offensichtlich fruchtlosen Torpedoangriffe war der Opfergang der Torpedobomber doch nicht umsonst gewesen: Sie unterstützten indirekt den Rest der amerikanischen Kampfstaffeln, indem sie nicht nur den Start der japanischen Bomber verhinderten, sondern auch die feindlichen Jäger beschäftigten, zu erhöhtem Treibstoff- und Munitionsverbrauch verleiteten und in geringer Flughöhe festhielen, während die Sturzkampfbomber in großer Höhe ungehindert ihre Ziele anfliegen konnten.

Nachdem er auf der Suche nach dem Feind seinen Kurs nach Steuerbord geändert hatte, sichtete MacCluskey das Kielwasser eines Schiffes: Ein japanischer Zerstörer, der nach vergeblicher Jagd auf das US-Unterseeboot „Nautilus“ versuchte, wieder Anschluß an seinen Flottenverband zu finden. McCluskey flog also in die vom Zerstörer vorgegebene Richtung... und fand tatsächlich sein Ziel.

Leslie wiederum, der Massey

Torpedoabwurf einer „Devastator“.

nachgefolgt war, hatte einen direkteren Kurs eingeschlagen. Als MacCluskey von Südosten kommend auf der Bildfläche erschien, traf Leslie von Osten her ein. In einem perfekt koordinierten Angriff erzielten die „Dauntless“ mehrere Bombentreffer auf drei Flugzeugträgern, die sie außer Gefecht und in Brand setzten und binnen weniger Stunden versenkten.

Der Erfolg der amerikanischen Stuka-Angriffe hätte nicht größer sein können, da ausgerechnet zu diesem Zeitpunkt die japanischen Flugzeugträger in selbstmörderischer Weise mit Munition vollgestopft waren. Während sie die Vernichtung der amerikanischen Torpedobomber mit ansahen, hatten die japanischen Schiffsbesatzungen den Einsatz ihrer eigenen Kampfflugzeuge vorbereitet, die um 10.24 Uhr startbereit waren und schon die Motoren vorwärmten; vollgetankt und mit bereits untergehängten Bomben oder Torpedos standen sie achtern auf dem Flugdeck und warteten darauf, daß der Flugzeugträger zum Start in den Wind drehte.

Im Zielanflug, nachdem zuvor die Aufklärer das Ziel ausgemacht hatten.

Bisher hatten sich die Abfangjäger in geringer Flughöhe gehalten, um zum Tanken und Aufmunitionieren zu landen, sobald das Flugdeck frei würde. Und genau in diesem Augenblick stürzten sich die amerikanischen Sturzkampfbomber der „Yorktown“ und der „Enterprise“ herab, die hoch über den Flugzeugträgern ungesehen herangekommen waren. Ihr Überraschungsangriff löste ein Chaos unter den Japanern aus, die nicht geahnt hatten, was ihnen bevorstand, bis sie den Moto-

Eine „Dauntless“ beim Abkippen zum Sturzflugangriff gegen einen japanischen Flugzeugträger.

Der japanische Flugzeugträger versucht die Bomben der „Dauntless" auszumanövrieren.

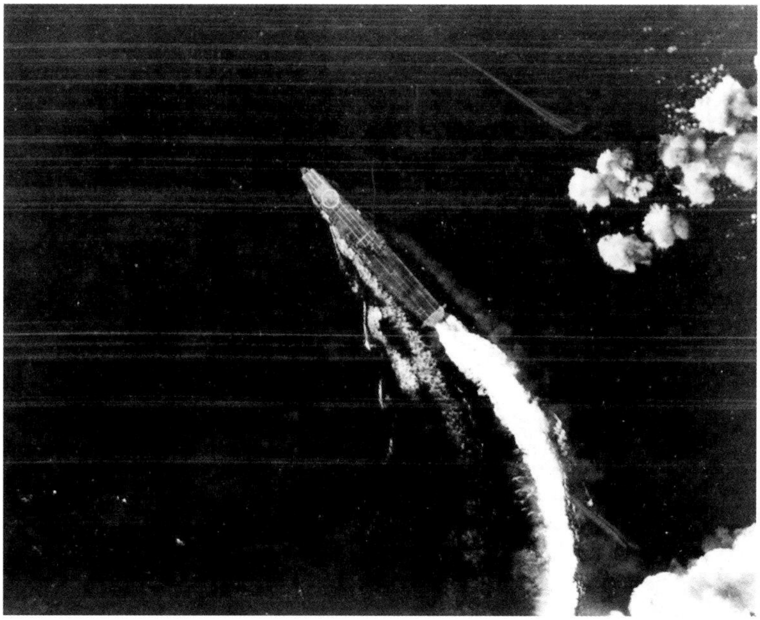

renlärm der Angreifer hörten und die Wasserfontänen der Nahtreffer erblickten.

Bei ihren Ausweichmanövern während der Torpedoangriffe hatte sich die „Hiryu" von Nagumo's übrigen Flugzeugträgern entfernt. Von sei-

Vier Minuten entscheiden eine Schlacht

Als erstes griff die Staffel von Leslie an und wählte als Ziel das enorme Flugdeck der „Kaga". Aus 4.500 m Höhe in einem Winkel von 70 Grad mit einer Geschwindigkeit von 280 kn (ca. 520 km/h) herabstürzend, warfen sich die „Dauntless" auf den völlig überraschten Gegner. Vier Bomben von 250 und 500 kg verwüsteten das überfüllte Flugdeck, und die daraufhin ausbrechenden Brände besiegelten das Schicksal des Schiffes. Die „Kaga" sank gegen 17.30 Uhr mit über 800 Mann ihrer Besatzung.

MacCluskey verteilte seine Maschinen auf zwei Ziele, die „Akagi" und die „Soryu". Erstere, das Flaggschiff von Nagumo, wurde von zwei 500-kg-Bomben getroffen, die zwar für sich allein genommen keine entscheidende Wirkung erzielten, aber in einer Kettenreaktion Munitionsvorräte explodieren ließen und Brände auslösten, die sich in Windeseile über das ganze Schiff ausbreiteten. Binnen weniger Minuten wurde klar, daß auch die „Akagi" verloren war. Auf Drängen der Admiralität ging Nagumo von Bord und setzte die Admiralsflagge auf dem leichten Kreuzer „Nagara".

Die „Soryu" war gerade dabei, ihre Flugzeuge in die Luft zu bringen und hierzu in den Wind zu drehen, als sie von drei 500-kg-Bomben getroffen wurde. Auch hier explodierte die Bereitschaftsmunition der Flugzeuge – samt der im Hangardeck provisorisch verstauten -, und das Flugbenzin aus abgestellten Flugzeugen und zerfetzten Leitungen geriet in Brand. Binnen kurzem brannten die drei japanischen Flugzeugträger lichterloh und waren unrettbar verloren. Die „Soryu" versank gegen 18.00 Uhr mit über 700 Mann ihrer Besatzung, die „Akagi" folgte ihr Tags darauf.

US-Jagdflugzeug vom Typ „Wildcat“, in geübten Händen eine beachtliche Waffe.

nem Schiff aus wurde Yamaguchi zum Augenzeugen des Desasters und zögerte nicht, seine Angriffswelle starten zu lassen: 18 „Val“-Sturzkampfbomber und 6 „Zero“-Jäger unter Oberleutnant Michio Kobayashi, einem kampferprobten Veteranen aus den Reihen von Nagumo's Marinefliegern.

Die Flugzeuge der „Hiryu“ folgten dem Kurs, den die amerikanischen Maschinen nach dem Angriff eingeschlagen hatten, und ließen sich so direkt zur „Yorktown“ führen. Auf ihrem Radarschirm hatten die Amerikaner den japanischen Verband schon auf fast 80 km Entfernung gesichtet und sandten ihnen die bereits in der Luft patrouillierenden „Wildcat“-Jäger ihrer Nahdeckung entgegen. Die „Val“-Sturzkampfbomber fielen größtenteils den „Wildcat“ zum Opfer; nur acht kamen auf Angriffsweite an den amerikanischen Flugzeugträger heran. Diese acht Maschinen allerdings griffen mit typisch japanischer Entschlossenheit an, und obwohl drei von ihnen durch die Schiffsflak der „Yorktown“ und ihrer Begleitschiffe abgeschossen wurden, erzielten die übrigen Stukas drei Volltreffer.

Die „Yorktown“ hätte ohne weiteres das gleiche Schicksal ereilen können wie ihre Gegner, da sie in ähnlicher Weise ausgerechnet beim heiklen Auftanken ihrer Flugzeuge von einem Luftangriff überrascht worden war. Doch der Verlust der „Lexington“ bei der Schlacht im Korallenmeer war der US Navy eine Lehre gewesen und hatte sie zu größtmöglichen Vorsichtsmaßnahmen veranlaßt. So wurden die Flugbenzinleitungen an Bord nun außer Gebrauch stets mit unbrennbarem Kohlendioxidgas geflutet, damit sich möglichst keine explosiven Benzindämpfe mehr ansammeln konnten.

Eine Zeitlang blieb das Schiff unbeweglich liegen, nachdem seine Dampfkessel beschädigt worden waren, und Admiral Fletcher mußte seine Flagge auf einem der begleitenden Kreuzer setzen. Um 13.40 Uhr jedoch konnte die „Yorktown“ wieder Fahrt aufnehmen, und auf ihrem – wenn auch nur notdürftig – repariertem Flugdeck konnten sogar wieder Flugzeuge starten und landen.

Das letzte Duell der Marineflieger

Die Zufriedenheit Yamaguchi's über den erfolgreichen Angriff gegen den vermeintlich einzigen feindlichen Flugzeugträger in diesem Seegebiet hielt nicht lange an: Ein Flugzeug der „Soryu", das kurz vor dem verheerenden Angriff auf seinen Flugzeugträger zu einem Aufklärungsflug gestartet war, sichtete eine Gruppe von angeblich drei dicht beieinander fahrenden US-Flugzeugträgern. Aufgrund der schlechten Funkverbindung entschied sich der Pilot zum Rückflug, landete auf der „Hiryu" und machte dort Meldung. Mit nur noch zehn einsatzfähigen Torpedobombern und sechs Jagdflugzeugen entschloß sich Yamaguchi zu einem letzten Einsatz. Leiten sollte ihn Oberleutnant zur See Joichi Tomonaga, obwohl einer seiner Benzintanks Einschußlöcher aufwies und er kaum eine Chance hatte, zurückzukehren. Um 12.45 Uhr startete er von der „Hiryu" zu einem Einsatz, von dem er wußte, daß es sein letzter sein würde.

Da die „Yorktown" als erste gesichtet wurde, war sie erneut das Angriffsziel der Japaner. Die amerikanischen Abfangjäger schossen die Hälfte der Angreifer ab, doch fünf „Kate"-Torpedobomber blieben übrig und vier davon konnten ihren Angriff vollenden. Der zu dieser Zeit mit 20 kn laufende Flugzeugträger konnte zweien der Torpedos ausweichen, doch die beiden anderen trafen ihn an Backbord. Der große Wassereinbuch ließ das Schiff nach dieser Seite krängen. Da der Flugzeugträger zu kentern drohte, gab der Kommandant den Befehl „Alle Mann von Bord!". Mehrere Zerstörer bargen die Besatzung des Flugzeugträgers, den man inzwischen aufgegeben hatte, obwohl er wie zum Trotz noch längere Zeit schwamm.

Fast zur gleichen Zeit, da die japanischen Torpedos die „Yorktown" erbeben ließen, meldete eines ihrer Aufklärungsflugzeuge die Sichtung eines vierten feindlichen Flugzeugträgers, der „Hiryu". Spruance, der zu diesem Zeitpunkt die taktische Leitung innehatte, befahl den Angriff. Um 15.30 Uhr starteten von der „Enterprise" 24 Sturzkampfbomber, darunter „Flüchtlinge" von der „Yorktown", und 30 Minuten später weitere 16 von der „Hornet".

An Bord der „Hiryu" hatte man alle noch irgend greifbaren Flugzeuge aufmunitioniert und startklar gemacht in einer letzten Bemühung, den Mißerfolg wenigstens abzumildern, als um 17.00 Uhr die aus der Sonne heraus ungesehen herangekommene Stuka-Staffel der „Enterprise" sich auf die Japaner stürzte. Vier Volltreffer verwüsteten das Flugdeck der „Hiryu", zerrissen den vorderen Aufzug und schleuderten ihn gegen die Insel (die Komanndobrücke des Flugzeugträgers), und setzten schließlich die gleiche fatale Kettenreaktion von Explosionen und Bränden in Gang, die am Morgen des gleichen Tages bereits den übrigen japanischen Flugzeugträgern den Garaus gemacht hatte. Als die Flugzeuge der „Hornet" eintrafen, brannte die „Hiryu" bereits an allen Ecken und Enden. Da es sich offensichtlich nicht mehr lohnte, das halbe Wrack noch weiter anzugreifen, warfen diese Flugzeuge ihre Bomben auf ein nahes Schlachtschiff und zwei seiner Begleitkreuzer, ohne allerdings zu treffen. Wie schon die übrigen an diesem Tage angegriffenen Flugzeugträger sank die „Hiryu" nicht sofort. Die Brände gerieten aber außer Kontrolle, griffen auf sämtliche Decks über und erzwangen schließlich die am 5. Juni um 04.30 Uhr die Aufgabe des Schiffes. Trotz seines verheerenden Zustandes und mehrerer Torpedos, welche die japanischen Begleitschiffe auf den todwunden Flugzeugträger abschossen, hielt sich die „Hiryu" noch bis 09.00 Uhr an der Oberfläche, bevor sie schließlich kenterte und und in den Fluten versank.

Die schwerbeschädigte „Yorktown" im Schlepp.

„Wildcat“ im Landeanflug.

Unten:
Die brennende und nach der Seite krängende „Yorktown“.

Es folgte ein weiterer japanischer Angriff, der noch weitere Schäden auf der vielgeprüften „Yorktown“ verursachte. Doch nur wenig später versenkten die erfolgreich kämpfenden amerikanischen Marineflieger auch noch den vierten Flugzeugträger Nagumo's.

So endete das Unternehmen „MI“ mit der Versenkung aller vier Flottenflugzeugträger von Nagumo an einem einzigen Tag. Viel ist seither über diese Seeschlacht geschrieben worden. Die meisten Historiker sehen jedoch den Grund für die japanische Niederlage darin, daß der Plan von Admiral Yamamoto eine Totgeburt gewesen war, da er zwei goldene Regeln für eine Schlacht mißachtet hatte: Das Festhalten an einem klaren und eindeutigen Ziel, und die Zusammenfassung aller eigenen Kräfte.

Unten links:
„Dauntless“ auf dem Flugdeck.

Die Schlagseite der „Yorktown“ nimmt dramatisch zu.

Nagumo hatte man zwei verschiedene Aufgaben übertragen, die nicht miteinander vereinbar waren: Einerseits sollte er die Verteidigung von Midway ausschalten, andererseits die der Insel zu Hilfe eilenden Seestreitkräfte der US Navy vernichten. Dadurch mußte er seine Kräfte über den halben Pazifik, zwischen Midway und den Aleuten, verzetteln. So war es dem Gegner möglich, die zerstreuten japanischen Flottenverbände in mehreren Einzelgefechten zu schlagen, obwohl die Japaner zur See insgesamt weit überlegen waren. Hätten die Japaner alle ihre Flugzeugträger in einem einzigen großen Flottenverband zusammengefaßt – neben den vier tatsächlich bei Midway eingesetzten auch noch die „Ryujo“, „Junyo“ und „Zuiho“ -, mit ihrer kampfstarken Schlachtflotte als Nahunterstützung, dann hätten die Amerikaner nur die Wahl gehabt, entweder Midway zu räumen oder ihren Flottenverband der Vernichtung auszusetzen. Doch die meisten Schlachtschiffe samt der „Zuiho“ wurden 350 Meilen weiter nordöstlich verzettelt, um ein paar amerikanische Schlachtschiffe abzupassen, die noch nicht einmal aus ihren sicheren ostamerikanischen Häfen ausgelaufen waren, während zwei weitere japanische Flugzeugträger ihre Kräfte bei einem bloßen Ablenkungsmanöver gegen die Aleuten vergeudeten.

Auch nach dem Verlust seiner gesamten Luftstreitmacht mochte Yamamoto seinen Fehler nicht eingestehen und suchte die US-Flotte zu einem Nachtgefecht gegen seine Schlachtschiffe zu verleiten, wozu er diese auf Ostkurs gehen ließ. Doch Spruance hatte nicht die geringste Lust, seine Flugzeugträger nachts der Gefahr durch die japanischen Schlachtschiffe und Kreuzer auszusetzen, wo er seine Flugzeuge nicht einsetzen könnte und die stärkere Schiffsartillerie des Gegners den Ausschlag geben würde. Und so zog er sich nach Osten zurück, änderte

Die starke japanische Trägerstreitmacht wurde bei Midway vernichtet.

bei Anbruch des nächsten Tages wiederum seinen Kurs und brachte seine Flugzeugträger erneut in Angriffsposition.

Die Nachricht vom Rückzug seines Gegenspielers erreichte Yamamoto während der Nacht, weshalb er eine Umgruppierung seiner Schiffe anordnete, die Invasion von Midway abblies und Heimatkurs auf Japan nahm.

Der Verlust der „Yorktown" war der einzige Wermutstropfen für die siegreichen Amerikaner. Der Flugzeugträger, am Abend des 4. Juni mit starker Schlagseite aufgegeben, war zur allgemeinen Verblüffung noch den ganzen übrigen Tag und die folgende Nacht hindurch schwimmfähig geblieben, vielleicht auch dank der ruhigen See. Angesichts dessen erwog man die Möglichkeit, ihn mit Hilfe der nahen Zerstörer zu bergen. Ein Minensucher nahm ihn ins Schlepp, und ein Teil der Flugzeugträgerbesatzung samt dem Kommandanten ging wieder an Bord.

Obwohl ihre Laufbahn nicht gerade vielversprechend begann, erwies sich die Grumman „Avenger" schließlich als ausgezeichneter Torpedobomber.

Der japanische Flugzeugträger „Akagi".

Am Abend des 6. Juni, als der Zerstörer „Hamman" zur Wasser- und Stromversorgung längsseits lag und andere Zerstörer als Schutz vor etwaigen U-Bootangriffen in der Nähe standen, setzte sich die „Yorktown" ganz langsam mit Kurs auf Pearl Harbor in Bewegung. Doch das japanische U-Boot I-168 entdeckte den US-Flugzeugträger und schoß einen vierfachen Torpedofächer ab. Ein Torpedo zerriß die „Hamman", zwei weitere detonierten an der Steuerbordseite der „Yorktown". Erneut mußte der Flugzeugträger aufgegeben werden, und erneut schwamm er noch erstaunlich lange: Erst im Morgengrauen des 7. Juni kenterte er langsam über Backbord und versank.

Mikuma & Mogami

Die vier Kreuzer, welche Midway beschießen sollten – „Kumamo", „Suzuya", „Mikuma" und „Mogami" -, hatten die ganze Nacht über einen Kurs eingehalten, der ihnen die befohlene Wiedervereinigung mit dem Rest der Flotte ermöglichen sollte, als sie überraschend auf das amerikanische U-Boot „Tambor" stießen, das etwa 90 sm westlich vor Midway patrouillierte. Vom Geschwaderflaggschiff „Kumano" wurde mit Signalscheinwerfern Alarm gegeben und zugleich der Befehl an alle, aus der Kiellinie nach Backbord zu wenden. Die „Mogami", die als letztes Schiff in der Linie diese Signale nicht gesehen und daher auch kein Ausweichmanöver gefahren hatte, rammte die beidrehende „Mikuma". Bei der Kollision wurden beide Schiffe so schwer beschädigt, daß sie mit der Fahrt heruntergehen mußten. Dadurch verloren sie die Fühlung sowohl mit dem Rest des Kreuzergeschwaders als auch mit dem Gros der Flotte.
In den frühen Morgenstunden des 5. Juni 1942 hatten sich alle größeren Schiffe von Yamamoto's Flotte aus der Reichweite der auf Midway stationierten „Catalina"-Fernaufklärungsflugboote zurückgezogen – bis auf die beiden Nachzügler. So wurden sie zum Ziel des geballten Angriffs der Amerikaner.
Die Bomber des USAAC, die sich auf der Suche nach den beiden Kreuzern gemacht hatten, konnten sie zwar nicht ausmachen. Doch 12 „Vindicator"-Sturzkampfbomber der Marines, welche den Angriff auf die Insel überlebt hatten, griffen sie am Morgen an und erzielten zwar keine Bombentreffer, aber dennoch eine Wirkung im Ziel, als Captain Richard E. Fleming, im Augenblick des Bombenwurfes von der Schiffsflak getroffen, mit seiner Maschine am den achteren Turm der „Mikuma" zerschellte und dort neben weiteren Schäden auch einen Brand verursachtet.
Gegen Abend waren die Flugzeugträger unter Spruance auf Angriffsreichweite herangekommen und starteten 58 Sturzkampfbomber, die jedoch wieder umkehren mußten, ohne die japanischen Kreuzer gesichtet zu haben.
Im ersten Frühlicht des 6. Juni 1942 wurden Aufklärungsflugzeuge ausgesandt, die Erfolg hatten und den Feind lokalisieren konnten. Sofort startete eine große Angriffswelle. Beide Kreuzer wurden ausgemacht und getroffen. Die „Mikuma" sank, während die „Mogami" trotz schwerer Schäden schwimmfähig blieb. Ihre Besatzung konnte das Schiff wieder in Fahrt bringen und schließlich den Stützpunkt auf der Insel Truk erreichen.

Schlußbetrachtungen

Wasserbomben der „Hamman" explodieren neben der „Yorktown".

Am 7. Juni landeten die Japaner auf den Aleuten-Inseln Attu und Kiska, verzichteten aber auf eine Landung auf Adak. Es war der einzige kleine japanische Erfolg im Rahmen des gescheiterten Unternehmens „MI".

Nimitz mochte die Herausforderung nicht annehmen und verweigerte eine Seeschlacht vor den Aleuten. Er hatte nicht nur gut 150 Flugzeuge verloren, sondern war sich vielleicht auch der Tatsache bewußt, das der Erfolg ein mehr zufälliger war und die Auseinandersetzung ebensogut hätte anders herum ausgehen können. Die japanischen Flieger hatten ihre Tüchtigkeit und ihren Kampfgeist eindrucksvoll unter Beweis gestellt. Trotz eindeutiger Informationen über die feindlichen Pläne mußte die US Navy noch viel dazulernen und ihre Kräfte erheblich verstärken.

Die „Bentham" nimmt die Überlebenden der „Yorktown" an Bord.

Doch das strategische Gleichgewicht war nachhaltig gestört worden. In der Schlacht im Korallenmeer war Yamamoto nur aufgehalten worden, doch bei Midway hatte er unersetzliche Verluste erlitten. Fast noch schwerer als die Versenkung von vier Flugzeugträgern wog der Verlust der Hälfte seiner gut ausgebildeten Flugzeugbesatzungen (samt rund 250 Flugzeugen), die in dieser Phase des Krieges kaum noch zu ersetzen waren.

Doch noch immer verfügte die Kaiserlich Japanische Kriegsmarine über eine gewisse qualitative Überlegenheit gegenüber der US Navy, und es waren noch etliche harte Kämpfe nötig, bis die Japaner im Pazifik zurückzuweichen begannen.

US-Langstreckenjägern vom Typ P-38 „Lightning“ gelang über Guadalcanal der Abschuß des Flugzeuges mit Admiral Yamamoto an Bord.

INHALTSVERZEICHNIS

Die japanischen Marineflieger erlitten in der Doppelschlacht schwere Verluste.

Nimitz wurde für die Amerikaner zum Helden des Pazifikkrieges.